Mes parents, ce couple de champions

www.caraibeditions.fr

Direction éditoriale : Florent Charbonnier
Conception et réalisation : Studio graphique Luele
Première impression : avril 2024
Imprimé par CPI Firmin Didot (179704) - ISBN : 978-2-373-11191-0

Publié avec avec le soutien de La Préfecture de la Guadeloupe et
de La Préfecture de la Martinique / Direction des affaires culturelles.

Aurélie BAMBUCK

Mes parents, ce couple de champions

CARAÏBÉDITIONS

Je dédie ce livre à la nouvelle génération Barnay et Bambuck
Mes enfants Djil, Lilio et Nil
Mes neveux, Kendric et Gabriel
J'ai une pensée pour mes grands-parents,
Yvon, Linotte et Mireille.

Quand on sait d'où on vient, on sait où on va.

PRÉFACE
Marie-José Pérec

Roger Bambuck est un grand monsieur qui a montré la Guadeloupe d'une belle manière, il nous a bien représentés. Ce sont les mots de ma grand-mère qui m'a appris à être fière des gens de chez nous, fière des Antillais qui ont fait de grandes choses. Roger Bambuck rentre dans cette catégorie.

Quand je démarre l'athlétisme en Guadeloupe, en 1984, l'année des JO de Los Angeles, je découvre l'existence des Jeux et j'entends pour la première fois le nom de Roger Bambuck. J'ai été marquée par la première image que j'ai vue de lui dans un petit film : il se prépare pieds nus sur la plage. J'ai trouvé cela magnifique.

Antoine Chérubin, entraîneur national, nous racontait l'histoire de ce grand sportif qui voulait faire médecine et qui finalement est parti dans la voie du sport.

Pour la jeune que j'étais dans les années 1980, c'était tellement grand, tellement énorme, que je ne pouvais pas me projeter, jamais je ne pourrais faire ça.

Lorsqu'il est devenu ministre, j'ai eu l'occasion de le rencontrer. Le fait de le voir à ce poste aussi important, ça ouvrait le champ des possibles.

En 1994, lorsque je pars m'entraîner aux États-Unis, mon entraîneur John Smith me parle de Roger Bambuck. Il savait que je venais de Guadeloupe, et pour lui c'était la terre des grands, la terre de Roger Bambuck.

Je suis surprise car l'athlétisme n'est pas un sport majeur aux États-Unis. Les Américains sont assez centrés sur eux, ils pensent qu'ils sont les plus beaux, les plus grands, les plus forts, il n'y a pas de place pour les autres. Pour les marquer, il faut vraiment faire quelque chose qui sorte de l'ordinaire. John Smith me raconte Sacramento, comment Roger Bambuck a battu le record du monde, la manière dont il était beau à voir. Le fait qu'il connaisse l'histoire de quelqu'un de chez moi me touche, je me dis qu'il est encore plus grand que ce que je pouvais imaginer, c'est extraordinaire à quel point il a marqué son temps.

Ce récit m'inspire, Roger Bambuck devient un exemple, je me dis que je peux le faire, le chemin devient plus clair lorsque l'on sait qu'il y en a qui sont passés avant nous.

En 1996 s'ouvrent les Jeux d'Atlanta, dans la ville de Martin Luther King, avec une flamme allumée par Mohamed Ali, c'était le signe pour moi, c'était le moment d'exceller pour toutes les personnes qui nous ont ouvert la voie, on n'a pas le droit de les décevoir.

Lorsque je pense au couple que Roger Bambuck forme avec Ghislaine Barnay, je me rappelle les mots de Chérubin qui parlait de leur parcours en métropole, du fait qu'ils aidaient les Antillais qui venaient s'installer, de la solidarité ultramarine.

Ce couple est un modèle.

J'aimerais leur dire merci d'avoir laissé cette trace pour que les générations d'aujourd'hui et les suivantes puissent continuer le chemin, faire de belles choses quel que soit le domaine, se dépasser, avoir des rêves.

C'est comme ça qu'on change le regard des gens sur nous, les a priori, ce sont les paroles de ma grand-mère et elles restent au goût du jour.

PROLOGUE

« BAMBUCK ? comme le grand sprinter ? »

« Félicitations, votre père est un champion. »

« Vous savez, votre père m'a fait rêver lorsque j'étais petit. »

Ces phrases rythment ma vie depuis l'enfance. Au début, elles m'étonnaient : j'avais le sentiment de n'avoir connu que tardivement le passé sportif de mon père. Pourtant je n'avais que huit ans au moment de la révélation. C'était en 1986, lorsque son record de France du 100 mètres a été battu. Les coups de fil des journalistes se sont enchaînés dans notre maison de campagne si tranquille. Les chiffres se sont accumulés dans mon esprit, ceux du nouveau numéro de téléphone que je devais apprendre pour retrouver notre sérénité, et puis ceux des records : dix secondes.

C'est facile à retenir, dix secondes.

C'est rapide, dix secondes.

Pourtant j'étais plus intriguée par les longues minutes. Soixante exactement. C'est le temps durant lequel mon père aura été l'homme le plus rapide du monde. C'est ce que j'ai retenu en l'entendant répondre aux journalistes. Un exploit plus marquant qu'un simple record de France. Car en ce 9 août 1986, c'est un palmarès qui m'est apparu.

Les journalistes déroulaient les performances de mon père, comme si ce jour marquait la fin d'un champion alors qu'il se révélait à moi.

Ces soixante minutes, cette simple petite heure était devenue essentielle à mes yeux.

Un record fulgurant et éclatant.

Ton père courait vite ?

Oui, il a même détenu le record du monde pendant une heure !

À l'adolescence, j'étais lassée de répéter : oui, mon père courait vite, mais je ne suis responsable de rien, je n'ai pas réalisé ces exploits. D'ailleurs, contrairement à lui, je ne suis pas rapide. 100 m, c'est trop court pour déployer ma vitesse !

Et puis avec le temps, la fierté s'est installée. Parce que j'ai appris, j'ai compris, et surtout j'ai découvert mon père à travers des films d'archives, et en le questionnant, enfin.

Je suis Aurélie Bambuck, fille du champion Roger Bambuck.

Un champion qui a participé à deux Jeux olympiques, à Tokyo en 1964 et à Mexico en 1968.

Un champion reconverti en membre du gouvernement sous Mitterrand.

Un champion humaniste autrefois reconnu, aujourd'hui oublié.

Et ma mère ?

Ghislaine Bambuck est connue comme étant « la femme de ».

Elle est reconnue dans le milieu sportif comme l'enseignante de l'Insep à Paris, l'Institut national du sport, de l'expertise et de la performance, le temple des sportifs de haut niveau.

Mais Ghislaine, née Barnay, est une championne méconnue. Seuls les initiés en ont entendu parler. Ceux qui suivaient l'athlétisme à la fin des années 1960. Ceux qui se passionnaient pour les championnats de France.

Je ne me suis jamais posée de question sur le passé sportif de ma mère. Sans doute parce que son présent est resté sportif. Le survêtement était sa tenue fétiche, son uniforme. Je le voyais en particulier le mercredi, lorsque je l'accompagnais à l'Insep, mon centre de loisirs sportif. Le chrono autour du cou, le mètre dans une main, elle enchaînait les comptages de ses élèves, des sportifs aspirants entraîneurs.

L'admiration pour ma mère est venue plus tardivement parce que tout me paraissait normal. Elle gérait sa carrière aussi bien que la maison. Mais elle laissait apparaître la blessure d'une enfance passée sans mère. La sienne avait disparu lorsqu'elle n'avait que quatre ans. Je l'ai toujours su.

Lorsqu'elle est devenue mère à son tour, elle n'a eu de cesse de choyer ce cocon maternel dont elle avait manqué. Elle reste et a toujours été une mère fusionnelle pour être présente dans le cœur et l'esprit de ses enfants afin de compenser l'absence dont elle a souffert.

À un moment donné, je me suis interrogée sur sa carrière. Ce jour n'est arrivé qu'à l'âge adulte, en cherchant à rendre hommage à mes parents par un documentaire.

J'ai découvert une archive vidéo de ma mère dans un championnat. Une archive en mouvement : ma mère s'élevant avec rage pour enrouler sa barre. Je ne l'avais jamais vue prendre vie ainsi. Je connaissais les photos de ses exploits, mais l'action les rendait si présents, si prégnants. J'ai sorti mon enregistreur et je l'ai interrogée sur son passé. J'en connaissais des extraits, mais je ne pensais pas qu'ils étaient aussi imprégnés, au point qu'elle vivait toujours la frustration d'une défaite, l'exaltation d'une victoire.

Je suis Aurélie Bambuck, fille de la championne Ghislaine Barnay.

Une femme qui s'est libérée par le sport.

Une championne qui a participé à deux Jeux olympiques, à Mexico en 1968 et à Munich en 1972.

Une championne qui n'a eu de cesse de transmettre sa passion à l'élite du sport français.

Ghislaine Barnay et Roger Bambuck sont deux champions d'un autre temps.

Aujourd'hui mes parents sont à l'aube de leurs 80 printemps.

Les années passent et laissent des traces sur leur physique. Loin de celui qui avait fait leur gloire. J'aimerais immortaliser leurs souvenirs avant que leurs mémoires ne s'effacent. Je veux mettre ma mère dans la lumière et replacer mon père sur la carte des légendes du sport.

Ils ont vécu tous les deux le déracinement depuis leurs Antilles natales.

Ils se sont enracinés dans un Hexagone où germaient les considérations raciales.

Ils ont vécu leur petite histoire dans la grande histoire de France et du monde.

De la rue Raspail à l'Élysée.

Des pistes cendrées aux tapis rouges.

De Tommie Smith à Carl Lewis.

De De Gaulle à Mitterrand.

Mes parents ont côtoyé les plus grands en restant à leur modeste hauteur.

Ils sont mariés depuis 50 ans. Un demi-siècle d'engagement sur tous les plans. Comme tous les couples, ils ont connu des difficultés. Ils ont réussi à les surmonter discrètement, voire secrètement…

J'ai décidé de raconter ouvertement leur histoire pour qu'ils restent ancrés dans les mémoires.

Pour parler à toutes les générations, je rappellerai au fil des pages le contexte historique dans lequel ils ont évolué : la défense des droits civiques des Noirs américains qui déborde sur un podium olympique, Mai 68 vu par des athlètes antillais, les attentats de Munich en 1972, en pleine fête olympique...

Je veux inscrire mes parents dans leur temps et montrer également qu'ils transcendent leur époque pour délivrer un discours encore percutant en ces temps de déconstruction, de remise en question, d'effacement.

Je ferai entendre leurs voix : des notes prises depuis quelques années pour transmettre une mémoire que mon père s'est toujours refusé d'écrire, des réponses aux questions enfin posées à ma mère.

Tous les éléments sont réunis pour transformer mes parents en couple en or !

1. Roger Bambuck, le champion de la rue Raspail

De 1945 à 1963 : un parcours sportif fulgurant

La vitesse Bambuck vient de la rue Raspail à Pointe-à-Pitre, en Guadeloupe.

Mon père a tenu à me faire cette confidence lorsque je suis devenue mère pour la première fois. Il aura attendu une génération pour se livrer. Sans doute parce que cette maison dans laquelle il a vu le jour le 22 novembre 1945 est aujourd'hui menacée.

La rue Raspail m'a toujours donné l'impression d'être à l'abandon avec ses habitants errant au milieu des bâtiments en ruine. Le quartier est insalubre par endroits, mal fréquenté à d'autres. Les jours de pluie, les eaux polluées de la ville remontent jusqu'à imprégner le sol du numéro 42.

La maison Bambuck est toujours debout, mais c'est l'une des rares maisons de la rue à tenir le coup. Des artistes de rue ont bien essayé de raviver la vision avec leurs dessins colorés peints sur les façades, mais la vitalité du passé a bel et bien disparu.

J'ai eu l'aperçu d'une rue vivante en découvrant des images tournées par mon père en plein carnaval dans les années 1960. La rue Raspail, artère incontournable du défilé. Des maisons en bois, debout, des habitants joyeux. À l'époque, cette rue était le poumon économique de Pointe-à-Pitre grâce à la présence de l'usine sucrière Darboussier qui faisait vivre toute une population.

L'usine n'existe plus aujourd'hui. La maison Bambuck est l'un des derniers vestiges d'une époque révolue. Cela rend les instants vécus dans ce lieu encore plus précieux.

Mon fils aîné, Djil, et mes deux suivants, Lilio et Nil, auront foulé de leurs pieds de bébé ce sol qui a vu leur grand-père remporter ses premiers succès.

Car le petit Roger gagnait souvent.

« En jouant à la course à pied avec les copains, je me suis rendu compte que je courais plus vite qu'eux. On avait un circuit. Ça devait faire 1 500 m. On allait toucher la porte de l'usine et on revenait. »

Mon père aimait la dépense physique, lui qui avait un physique si chétif. La première fois que j'ai vu une photo de lui enfant, j'ai été impressionnée par la finesse de ses jambes. Comment pouvait-il être aussi rapide en ayant des jambes aussi minces ?

Mon père aimait courir, sauter, jouer. Tout était question de jeux dans cette rue Raspail : des jeux sportifs. *« Dans le fond de la cour, on avait un terrain vague, on jouait à saute-mouton, à chaud-délivrance, à la lutte, c'était des jeux sportifs. »*

Pour le physique, mon père s'inspirait de son plus grand frère, Edmond. Dix années les séparent. Edmond était son modèle. Il le regardait faire de la musculation avec des haltères confectionnées par ses soins. Tout était bricolage, à l'époque, pour faire du sport.

« On récupérait du plomb, des gaines électriques, on le fondait, on mettait une barre métallique avec un poids en plomb. »

Et tous les terrains sont bons pour faire du sport, à commencer par cette rue Raspail et ses 1 500 m. Mon père était champion de la rue, mais pas jusqu'au bout !

« Je courais vite, je prenais une grande avance sur les copains, et je me faisais battre sur le fil par un petit jeune. Je ne regardais pas derrière moi. Je savais courir vite, mais pas longtemps. »

C'est au lycée Carnot de Pointe-à-Pitre que la transformation va avoir lieu. Cet établissement est le premier à avoir été créé dans la ville à la fin du XIXe siècle. Il a vu passer des grands noms guadeloupéens, comme le prix Nobel de littérature Saint-John Perse, ou encore l'homme politique surnommé le Jaurès noir, Hégésippe Légitimus, l'arrière-grand-père du comédien Pascal Légitimus.

Mon père s'inscrit dans cette glorieuse tradition. Au lycée Carnot, les distances raccourcissent et les chronos s'envolent.

7 secondes 2 dixièmes sur soixante mètres.

Mon père se souvient exactement de son premier chrono : *« Dans ma classe, il y avait le champion du lycée.*

Et miracle, j'ai couru plus vite que lui. Sur 60 m, j'ai fait 7"2 et lui il a fait 7"3. C'était la première fois que je me faisais chronométrer. Il était vexé et le prof a été estomaqué. Le champion m'a dit : "On va voir ce que tu fais en tête à tête". Je l'ai battu. »

Après le champion, mon père s'attaque au super champion du lycée, Rigobert Tacita.

« *Il était extraordinaire, un type superbe. Aujourd'hui il aurait fait un décathlonien.* »

Ce Tacita lui lance un défi de trois courses.

« *Il m'a battu deux fois, mais cette expérience a été intéressante. Loin de me décourager, je me suis dit "je vais m'entraîner".* »

Travailler pour être le meilleur et le rester, cela fait partie des valeurs qui m'ont été transmises.

Le jeune Roger se met à s'entraîner seul au début.

« *Nous sommes une île et les compétences sont rares.* »

L'apprenti se constitue un groupe d'entraînement avec ses voisins, Marcel Cola, le nageur, et Maurice Siard, le coureur de 800 m. Tous les jours, le trio enchaîne les séances entre course autour de la place de la Victoire et natation dans la piscine de l'usine Darboussier.

Poussé par son ami, le lanceur de disque Raymond Boutin, Roger se prépare pour participer à un triathlon en compétition scolaire. Il ne s'agissait pas d'enchaîner natation, vélo et course, mais de disputer trois épreuves d'athlétisme : course, saut et lancer. Le sprinteur en herbe se savait limité dans l'épreuve du lancer.

Heureusement pour lui, la compétition scolaire a changé son règlement : fini les triathlons, place aux épreuves individuelles, une discipline par athlète.

À force d'entraînement dans sa ligne droite de prédilection, Roger Bambuck est sélectionné pour sa première compétition, un match Martinique-Guadeloupe organisé en 1963.

C'est l'occasion pour mon père de sortir pour la première fois de son île. « *C'était mon premier voyage. J'étais enthousiasmé par cette rivalité de proximité, on était en concurrence avec l'île sœur.* »

Roger Bambuck brille en Martinique et remporte toutes ses courses.

Mais avec des chronos encore plus rapides, il aurait pu aller en France pour participer au championnat scolaire, lui dit un responsable.

C'est un déclic pour mon père. Comme tous les Guadeloupéens de l'époque, il voyait la France comme un idéal.

« *Ça fait partie du fantasme de venir en France. On avait une image très positive et idéalisée avec la belle vie à Paris, le bal, les filles. À cette époque-là, tout le monde était convaincu que pour réussir, il fallait aller en métropole, donc j'attendais mon tour.* »

Roger a vu ses deux grands frères partir, Edmond et Pierre. À chaque fois il a constaté l'arrachement que cela provoquait avec sa mère. Mais telle était sa destinée.

L'avenir de Roger n'est pourtant pas encore tracé. Il se passionne pour l'athlétisme, mais le sport ne fait pas tout dans la vie.

La famille Bambuck vit modestement au 42 de la rue Raspail. Roger père est transitaire en douane. Un ouvrier qui faisait au mieux pour faire vivre sa famille de six enfants. Ma grand-mère, Mireille, était femme au foyer. Mon père faisant partie des deux derniers de la fratrie, avec ma tante Mona. Il a profité d'une plus grande attention.

« Les derniers enfants des familles nombreuses bénéficient de tout un tas de sollicitations et d'investissements de la part des parents. »

Il sera le seul garçon à être inscrit à l'école privée, à la maîtrise de Massabielle. Ses parents tenaient à ce qu'il reçoive un enseignement catholique. Sa mère l'imaginait même avec un avenir religieux.

« Ma mère aurait bien aimé que j'entre dans les ordres parce qu'elle était très croyante. Elle me parlait quelquefois du séminaire. Je faisais la sourde oreille par rapport à ça, ça ne faisait pas partie de mes préoccupations, du tout. »

Mon père était loin de tout cela. D'ailleurs, il n'a jamais cherché à me transmettre cette foi imposée. Avec mon frère, Frédéric, il nous a laissés libres de nos choix : pas de baptême, ni de catéchisme, juste le droit de s'interroger, libres de penser par nous-mêmes.

« C'est pour ça que je ne vous ai pas fait baptiser ni l'un, ni l'autre, parce qu'on ne m'a pas demandé mon avis, on ne m'a pas demandé de croire, et j'estime que la religion,

c'est important. Tu n'as pas le droit de mettre les enfants sans que leur libre choix ne soit exercé. Si vous m'aviez posé des questions, j'aurais répondu. Ce côté inéluctable, il faut croire que ça m'a toujours posé problème. »

Cette liberté de pensée, c'est ce qui l'a intrigué la première fois qu'il a visité un hôpital psychiatrique dans lequel sa grande sœur Maryse était infirmière.

« *J'allais en vacances chez ma tante et Maryse, elle était infirmière à l'hôpital psychiatrique de Saint-Claude. Il se trouve que ces malades mentaux m'ont toujours intéressé. J'étais ému, je ne sais pas pourquoi. J'avais le sentiment que ces gens étaient libres. Je me souviens d'une dame. Pour moi, elle était normale. Elle dit "il fait nuit" alors qu'il était trois heures de l'après-midi. La réaction normale aurait été de dire "elle est barjot". Mais je me suis toujours demandé pourquoi ce n'est pas elle qui dirait vrai. Elle me fait une autre proposition. Et si c'était elle qui avait raison ? Les véritables gens libres sont ceux qui ont levé les inhibitions. Ils sont plus libres que moi, libres de penser ce qu'ils veulent.* »

Après cette révélation, le jeune Roger se met en tête de devenir médecin.

« *Tant que j'étais à l'école primaire, je n'aspirais à rien. J'allais à l'école, je n'avais aucun projet de faire quoi que ce soit, si ce n'est de venir un jour en France, passer le bac. J'étais bon partout au point qu'une de mes institutrices a dit "il est de l'ordre du génie". Je travaillais bien à l'école, avec facilité. La seule chose qu'on peut relever sur mes bulletins, c'est bon élève, mais trop bavard. Je ne me bagarrais pas, aucune bande. Je travaillais bien.* »

Une vocation médicale est née bien avant la vocation sportive.

Il ne voulait ni rentrer dans les ordres, ni faire du droit comme le voulait son père.

D'ailleurs, il se rappelle une seule et unique discussion sur ce sujet avec la figure paternelle.

« *Une fois, quand j'étais au lycée, mon père me dit : "Je voudrais que tu fasses ton droit". J'ai dû répondre, et il a dû prendre ça très mal. J'ai dit "non, je ne veux pas faire de droit, je veux devenir médecin". On n'en a plus jamais reparlé.* »

Mon père voulait devenir médecin pour comprendre l'esprit et le corps humain.

« *Je n'ai commencé à avoir une esquisse de carrière qu'à partir du moment où j'ai commencé à courir. Mon raisonnement était de me dire "j'utilise une machine, mon corps, et j'aimerais voir comment ça fonctionne".* »

Avec ses rêves de médecine en tête, Roger Bambuck commence à se faire un nom dans le milieu de l'athlétisme guadeloupéen. Dans les compétitions locales, il rivalise avec la référence du sprint guadeloupéen de l'époque, Pélage.

Il poursuit son travail pour être le meilleur au lycée Carnot, mais cette fois il a une aide : un professeur d'EPS vient d'être nommé, et il est également entraîneur dans l'âme, Jacques Lolo.

« Il avait un passé de sportif et tout de suite on s'est bien entendus pour s'aider mutuellement.

Il savait autant que moi, j'avais le sentiment d'être dans un couple : j'exécutais et lui allait chercher les informations. »

Mon père ne s'entraîne plus seul. Un autre sprinteur vient rejoindre le duo : Gérard César, plus jeune de quelques années. Il est à la fois copain d'entraînement et concurrent.

Grâce à ce groupe, Roger Bambuck progresse. La France n'apparaît plus comme un rêve, mais devient une réalité qui se rapproche pour le jeune homme de 17 ans.

*** La rue Raspail et l'usine Darboussier.**
Dans les années 1950-60, la rue Raspail était le poumon économique de la Guadeloupe grâce à la présence de l'usine sucrière Darboussier. L'établissement est créé en 1867, avec ses entrepôts de marchandises construits sur les quais de Pointe-à-Pitre. L'usine est le plus gros employeur de l'île et le restera jusqu'aux crises sucrières mondiales de la fin du XIXe et du début du XXe siècle. Darboussier fermera définitivement en 1980, laissant un immense terrain à l'abandon. En 2015, le premier centre culturel dédié à la mémoire de l'esclavage, le MACTe, est inauguré sur le site Darboussier.

2. Ghislaine Barnay, la souris laborieuse de Fort-de-France

De 1945 à 1962 : une fille à la hauteur

Ma mère s'est élevée au sens propre du terme.

Elle qui a grandi sans l'amour d'une mère a dû s'élever, surmonter ce terrible manque. Ghislaine Barnay n'aura profité que quatre ans de son aimante maman Armande née Pulvar. Une mère qui n'a vécu que 33 ans sur terre. Elle perdra la vie peu de temps après l'avoir donnée à son cinquième enfant, ma tante Josiane.

Ma mère n'a que des souvenirs flous de sa mère dans ses derniers instants le 4 mai 1950.

« J'ai 4 ans et demi, je la vois couchée avec plein de trucs sortant de sa bouche. Les grands-parents autour. Je savais que ma mère était morte mais je n'ai pas de souvenir de sentiment triste. »

Ce 4 mai 1950, l'enfance de Ghislaine s'est arrêtée brutalement.

J'ai toujours connu ma mère dure, stricte. Je pense que c'est une armure qu'elle s'est forgée ce 4 mai 1950 pour éviter que cette blessure inguérissable ne la fasse souffrir indéfiniment.

Ghislaine est devenue une seconde mère pour la

fratrie, elle, la première fille de la famille. Elle s'est occupée de son petit frère René, et de ses deux petites sœurs, Marie-Aimée et Josiane. Elle avait bien un grand frère, Georges, de deux ans son aîné, mais il n'y avait pas d'égalité à l'époque : c'était aux filles d'aider à gérer la maison.

Huit mois après avoir perdu sa femme, mon grand-père va se remarier. Il était impensable de rester un père de cinq enfants célibataire. Sa nouvelle femme est la grand-mère que j'ai toujours connue : Linotte, la mamie rigolote, reine du riz au lait. Mais pour ma mère, cette belle-mère avait tous les airs d'une marâtre de conte de fée.

D'ailleurs, les Barnay vivaient à leur manière un conte de fée. La famille habitait une grande et belle maison dans un quartier privilégié de Fort-de-France : la route de Didier. Vingt-deux pièces réparties sur trois étages. « *Au rez-de-chaussée, il y avait un salon, une salle à manger et la cuisine de ma grand-mère paternelle, Lala. À l'étage, il y avait les chambres de mes grands-parents, de mes parents, de ma marraine. Avec mes frères et sœurs, nous étions dans la même chambre tous les cinq. Il y avait une cuisine à l'étage, où la servante nous préparait à manger.* » Pour compléter le tableau, il y avait un grand terrain avec une forêt de bambous, des arbres fruitiers, une rivière.

La villa était voisine de la résidence préfectorale. Tous les 14 Juillet, la famille Barnay entendait l'hymne national résonner depuis la bâtisse aux flamboyants. C'était le moment où le grand-père, papa Loulou, sortait habillé en blanc avec un casque colonial sur la tête.

Il faut dire que tout rappelait le passé colonial sur cette route de Didier. Toutes les villas étaient occupées par des descendants de colons, les békés. Toutes, sauf celle des Barnay. C'était la seule famille noire au milieu des blancs. Le père de famille, Yvon, travaillait à la mairie de Fort-de France, sous la direction d'Aimé Césaire. Être au contact du défenseur de l'identité noire, ça permet de rappeler des évidences aux voisins. « *Je me souviens d'un jour où les békés qui habitaient en face de chez nous se sont plaints du bruit. Mon père est sorti avec un drap sur lequel il avait inscrit "Nulle terre française ne peut plus porter d'esclaves".* »

Le décret de l'abolition de l'esclavage de 1848 ainsi affiché aura marqué ma mère, mais l'heure n'était pas encore à la délivrance pour elle.

La famille Barnay s'agrandit. Quatre petits frères viennent compléter la fratrie : Antoine, Jean-Claude, Daniel et Christian. La belle-mère commence à faire la distinction entre ses enfants et ceux de son mari. « *Elle donnait aux enfants du premier lit de la margarine alors que ses enfants avaient du beurre.* » La petite Ghislaine ne peut pas dénoncer les injustices. Elle doit obéir, exécuter les tâches domestiques : nettoyer, astiquer. La Cendrillon de la route de Didier a de quoi s'occuper. Elle était tellement prise par ses missions que ses frères l'ont surnommée la petite souris laborieuse. Un sobriquet qui venait d'un dessin animé projeté un jour dans la grande maison familiale. Une petite souris qui astiquait, nettoyait, lessivait... Ma mère, la petite souris laborieuse, restait silencieuse et obéissante.

Mais tout était question d'adaptation pour exécuter en essayant d'y trouver son intérêt. Comme on lui laissait tout faire, elle gérait, y compris ses papiers d'inscription au lycée. Elle avait décidé qu'elle irait au lycée technique de Fort-de-France, et pas au lycée de jeunes filles comme le voulait son père. Elle l'a fait, et Yvon ne pouvait que pester de l'avoir découvert trop tard. C'est dans ce lycée technique que l'élévation va commencer pour ma mère.

La famille Barnay a déménagé et vit désormais dans le quartier du Petit Paradis, situé sur la commune de Schœlcher, aux portes de Fort-de-France. Ghislaine a 12 ans lorsqu'elle entre dans cet établissement situé au bassin Radou, à la pointe des Nègres, à deux bus de sa nouvelle maison.

Ce lycée avait une mauvaise réputation. Il était mixte, ce qui n'était pas courant à l'époque, et il ne prédestinait pas ses élèves à de grandes ambitions. Ma mère va prouver tout le contraire.

Elle a eu une révélation pour l'éducation physique. Sauter de plus en plus haut à chaque fois était son seul objectif. Le professeur d'éducation physique, Daniel Pinardon, repère un talent naissant. Comme il est aussi entraîneur d'athlétisme, il lui propose de l'initier au saut en hauteur juste à la fin des cours. La petite souris laborieuse aime travailler dur, c'est sa force. Alors elle va s'employer pour progresser et s'élever encore plus haut.

L'entraînement commence dès la maison : trois kilomètres séparent le Petit Paradis du lycée technique. Et cette distance, la jeune Ghislaine doit la faire à pied quatre fois par jour : le matin, le midi et le soir. Douze kilomètres quatre fois par semaine pour se mettre en jambe.

Il y a également les entraînements du jeudi après-midi, du samedi après-midi, puis s'ajoutent les compétitions du dimanche après-midi. À chaque rendez-vous sportif, Ghislaine porte fièrement la tenue orange et noir de l'établissement avec ses camarades : la lanceuse de poids Françoise Maitrel et la sprinteuse Rosita Joachim-Arnod. *« Le lycée technique était extraordinaire. On nous prêtait des pointes pour sauter, elles étaient noires. Je me souviens qu'après chaque séance, je nettoyais mes chaussures, je mettais du cirage noir. »*

La petite souris est appliquée et passionnée, et elle résiste aux dures conditions d'une sauteuse de l'époque. Car elle n'atterrit pas sur un beau tapis confortable à chacun de ses sauts. *« Quand j'ai commencé à sauter, je faisais du ciseau sur le sable. Puis je me suis mise à la technique du ventral, en enroulant ma barre. Mais en retombant dans le sable, je me blessais souvent avec des cailloux. Alors mon entraîneur est allé chercher des copeaux de mousse qu'on a mis dans des sacs en jute pour amortir la chute.* »

Les envolées risquées de Ghislaine sont suivies avec inquiétude par ses amies comme la sprinteuse Christiane Adélaïde. D'autres camarades sauteurs dédramatisent, à l'image de Georges Beaunol. Il changeait les idées de sa partenaire d'entraînement en lui donnant la réplique dans les pièces de théâtre du lycée. Mais ma mère préférait les représentations sportives aux scènes théâtrales.

Pour augmenter le nombre de compétitions, Ghislaine s'inscrit dans le premier club multisport de la Martinique, le Golden Star. Elle retrouve son professeur d'EPS Daniel Pinardon, qui y officie en tant qu'entraîneur d'athlétisme. Elle fait également équipe avec ses camarades du lycée technique.

La petite souris se transforme en belle gazelle. Elle s'envole et collectionne les titres de championne scolaire de la Martinique. Elle passe de 1,25 m à 1,50 m en quelques mois. Le journal local *France-Antilles* commence à s'intéresser à elle.

Ses parents lèvent les yeux et découvrent leur fille talentueuse. Ça n'empêche pas la belle-mère de critiquer la jeune fille en pleine émancipation. « *Vous n'avez pas honte de vous mettre en short devant les garçons ?* », lui disait-elle. Une raison de plus pour ma mère de surmonter cet obstacle.

La fierté familiale s'arrêtait à la simple autorisation

d'aller s'entraîner. Les frères se moquaient de la technique de saut de leur sœur qui la faisait ressembler à un crapaud. Personne n'allait assister aux exploits de la championne.

Peu importe pour ma mère. C'est pour elle qu'elle se dépassait, pas pour les autres. À force de progresser, elle atteint les minimas pour participer aux championnats de France scolaires de l'autre côté de l'Atlantique, à Paris, dans le mythique stade Charléty. C'était le lieu des compétitions scolaires nationales à l'époque. Chaque année, au mois de mai, durant le week-end de la Pentecôte, les meilleurs élèves de l'Hexagone et des Outre-mer s'affrontaient. Les Ultramarins logeaient à l'INS. C'était l'occasion de croiser les champions de haut niveau venus des mêmes territoires, comme le perchiste martiniquais Victor Sillon.

En 1962, à 16 ans, ma mère participe pour la première fois à ces rencontres scolaires nationales. C'était également la première fois qu'elle quittait la Martinique, la première fois qu'elle prenait l'avion. Elle était la première de la famille Barnay à s'envoler aussi loin.

Ghislaine Barnay était contente de ce baptême, mais elle restait concentrée sur son objectif, s'élever le plus haut possible. Pour ses premiers championnats de France, elle terminera deuxième et ramènera des souvenirs à sa famille. Un disque de l'idole des jeunes de l'époque, Johnny Hallyday, et un souvenir involontaire repéré par l'un de ses frères : de la boue restée collée sur ses chaussures. « *C'est la terre France ki la* », lui dit-il.

De retour en Martinique, Ghislaine pense à son avenir. Elle veut être architecte ou expert-comptable, mais elle n'aura pas le choix, elle enseignera. C'est la volonté paternelle. Pas de short court, mais pas d'études longues, ainsi en a décidé Yvon. Deux ans pour devenir enseignante contre sept pour être expert-comptable. C'est l'inconvénient des familles nombreuses ; les parents voulaient aller à l'essentiel pour leurs enfants. Les études, oui, mais il fallait qu'elles aboutissent rapidement à un métier rémunérateur. Le sport ne rapportait rien à l'époque. Le statut d'amateur était indispensable pour participer aux compétitions nationales et internationales.

Ma mère n'y pense pas encore, mais en 1963, elle peut viser une première participation olympique à Tokyo l'année suivante. Ghislaine est en pleine progression.

Après son premier voyage hexagonal et un premier podium aux championnats de France scolaires, elle revient à Charléty avec toujours l'objectif d'aller plus haut. Cette fois, c'est la première place qu'elle vise. Elle décroche son premier titre national scolaire avec un premier record de France junior à la clé : 1,62 m.

La Martiniquaise commence à avoir des rêves tricolores. Malheureusement, elle rate les minima olympiques, la hauteur minimum pour se qualifier. Un échec d'un petit centimètre. Elle suivra Tokyo depuis la Martinique et restera marquée par les performances d'une Française : Maryvonne Dupureur. La Bretonne domine le double tour de piste et termine vice-championne olympique du 800 m à Tokyo.

Le rêve olympique de ma mère est reporté de quatre ans.

La fin du lycée approche. Comme prévu, son père la pousse vers des études d'enseignante d'éducation physique dans un Centre régional d'éducation physique et sportive. En 1965, le Creps vient d'ouvrir sur l'île voisine de la Guadeloupe.

Ma mère m'a toujours dit qu'elle avait suivi ces études la mort dans l'âme. Pourtant elle a tout réussi. Elle a préparé les épreuves d'admission et elle a été intégrée dans la première promotion de l'établissement. Ghislaine va pouvoir quitter la Martinique. Fini la petite souris laborieuse, place à l'étudiante besogneuse.

« Je n'avais pas d'attache particulière à la Martinique, je n'ai pas ressenti d'émotion particulière. »

La frustration de ne pas avoir suivi les études choisies a longtemps pesé sur le ressenti de ma mère. Pourtant, j'ai vu des sourires sur les photos de cette période. Ma mère rayonnante en maillot de bain au bord de la piscine du Creps avec ses camarades de promotion. L'éternelle solitaire s'est fait des amies. Elle s'est constituée une nouvelle famille avec plein de sœurs : la lanceuse guyanaise Joséphine Labrador, la sprinteuse martiniquaise Cornélia Descart, la lanceuse martiniquaise Marie-Olga Cisérон. Elle a également retrouvé son entraîneur de toujours ; Daniel Pinardon exerce désormais au Creps.

Elle découvre un autre entraîneur qui marquera à jamais l'athlétisme guadeloupéen : Antoine Chérubin. Il s'occupe des garçons sur la piste et enseigne également le chant en classe. Ghislaine apprend des airs mettant à l'honneur la Guadeloupe. Et preuve d'une intégration réussie sur l'île rivale, la Martiniquaise va également gagner pour la Guadeloupe !

Ghislaine doit s'inscrire dans un club local pour disputer des compétitions. Elle le fera au Redoutable de Pointe-à-Pitre. Elle va défendre les couleurs de son nouveau club avec Alix Lanoir et Charles-Henri Césaire : deux camarades de club devenus des amis pour la vie.

La championne de Martinique et de Guadeloupe défend les couleurs des Antilles françaises aux Jeux des Caraïbes, à Trinité-et-Tobago. C'était une compétition qui réunissait tous les riverains de la mer des Caraïbes et les États-Unis. Ghislaine Barnay va briller à ces Jeux de 1965 à 1967.

La Martiniquaise poursuit sa progression en Guadeloupe et l'élève s'envole dans sa promotion. Après deux ans d'études, elle termine major. Ghislaine Barnay sera maîtresse d'éducation physique de l'autre côté de l'Atlantique. Car même si elle est la meilleure, elle ne pourra pas exercer aux Antilles, les places n'étaient pas réservées aux locaux.

« À la fin de notre concours, les syndicats nous avaient dit que l'on pouvait mettre une croix sur les Antilles et le Sud de la France. J'ai eu un poste au lycée Marie-Curie de Sceau. J'étais la seule de la promotion à avoir un poste à Paris, tous mes camarades du Creps ont eu des postes à Trifouilly-les-Oies, au fin fond de la France. »

L'heure de dire adieu aux Antilles a sonné pour ma mère.

*** La Martinique post-coloniale, Fort-de-France et son maire légendaire, Aimé Césaire.**
La Martinique n'est plus une colonie depuis 1946. Elle est devenue un département français après l'insistance du député-maire de Fort-de-France : Aimé Césaire. Le jeune élu veut moderniser, développer économiquement et socialement sa ville et son île. Le militant voit la départementalisation comme une réparation des dégâts de la colonisation. Il sera maire de Fort-de-France pendant 56 ans et député de Martinique pendant 48 ans.

*** Le développement de l'athlétisme aux Antilles.**
L'athlétisme est l'un des premiers sports importés en Martinique et en Guadeloupe par les colons français, au début du XXe siècle. Ce sont les organisations de jeunesses laïques et catholiques qui se chargent de sa diffusion

localement. Les Scouts et les Éclaireurs de France organisent des compétitions, des olympiades. La pratique de l'athlétisme représente une possibilité de reconnaissance pour la population noire, une opportunité de briller sur le même terrain que les Blancs. Les compétitions sont organisées sur les places des villes, comme la place de la Victoire en Guadeloupe. Dans les années 1930, les premiers stades sont construits pour accueillir l'athlétisme et le football. C'est le gouverneur colonial Félix Éboué qui est à l'origine de ce développement. Le Guyanais crée des stades en Guadeloupe et en Martinique. Le mouvement sportif antillais se structure avec des ligues.

Dans les années 1960, des clubs multisports se développent comme le Redoutable en Guadeloupe, et le Golden Star en Martinique.

3. La pépite sur la terre des ancêtres : Dakar, Sénégal

1963 : année des révélations

À 17 ans, Roger Bambuck s'envole pour la première fois loin de la Caraïbe. Il a tout un océan à traverser.

« Après un long trajet au-dessus de l'Atlantique, j'interprétais les nuages que nous voyions d'en haut comme autant de reliefs enneigés du sol français. J'ai eu une déception mêlée de honte quand j'ai découvert que ce que je prenais pour le sol n'était que les nuages vus d'en haut et non le sol enneigé tel que je me l'imaginais. »

Le Guadeloupéen découvre Paris en plein hiver, sa brume envahissante, ses gens tristes, l'impression d'un monde feutré mis en sourdine. Pourtant, il reste admiratif : *« Tout était grand, forcément beau : le bus qui nous conduisait vers notre hôtel, les premiers embouteillages, les gens affairés, tout, même le froid qui ne m'a pas semblé aussi extravagant que je le redoutais. Nous logions dans un petit hôtel rue Caulaincourt, à Montmartre. Même ce modeste hôtel m'a semblé gigantesque. »*

À Paris, mon père n'a que peu de temps pour voir son grand frère Edmond, le premier de la famille à s'être déraciné. Sa fierté aura été de réussir à ne pas se perdre pour le rejoindre porte de Bagnolet.

Paris est également l'occasion de faire le plein de matériel sportif. Roger va investir dans sa première paire de pointes. Tous les collectionneurs de la marque aux trois bandes connaissent la Rom, la première paire professionnelle du jeune athlète. Ajoutées au short blanc en satin confectionné par sa mère, le champion en herbe a de quoi défier avec allure.

Dans la capitale, il va découvrir le temple des sportifs de haut niveau dans le bois de Vincennes, l'Insep, qui s'appelait alors l'INS. « *C'est là que j'ai vu pour la première fois, très furtivement, Alain Mimoun qui se rendait dans le bois de Vincennes pour son footing d'entraînement.*

Je savourais avec joie de voir de mes yeux le lieu où se bâtissait le sport français. »

Malgré toutes ces découvertes, Roger reste concentré car son objectif est ailleurs. Paris n'est qu'une étape pour le compétiteur. La destination finale de ce voyage est Dakar, au Sénégal.

En tant que Guadeloupéen, mon père est sélectionné pour les Jeux de l'Amitié. C'est une compétition qui regroupe les anciennes colonies françaises.

« *C'était en 1963, c'était la période de la décolonisation. L'Union française avait donné l'indépendance à tous ses pays, et pour garder le lien, le général de Gaulle et les autorités françaises ont proposé d'organiser les Jeux de l'Amitié qui regrouperaient tous les pays de l'Union française.* »

Après avoir été émerveillé par Paris, mon père est ému de se retrouver à Dakar. Je pensais naïvement que l'arrivée d'un descendant d'Africain sur ses terres d'origine pouvait être la raison de cette émotion. Mais mon père était ignorant à l'époque, comme tous les descendants de sa génération.

« *Dakar c'est l'Afrique, mais je n'avais pas les mêmes consciences que j'ai aujourd'hui. Le fait d'être descendant d'esclave était considéré comme une honte, donc on n'en parlait pas. La société bien née de la Guadeloupe cherchait plus une filiation avec des rois et des princes africains, pour dire qu'ils n'étaient pas descendants d'esclaves, c'était un tabou. J'ai été élevé dans le non-dit. À la maison, on ne parlait pas d'esclavage. Aujourd'hui j'apprécie que le tabou ait été levé. Nous sommes des êtres humains et nous contribuons au destin de l'humanité. Nous avons, en tant que descendants d'Africains, une histoire faite de temps forts, de temps faibles, et c'est ça qui nous a enrichis.* »

À Dakar, on lui demande pour la première fois d'où il vient, car la capitale du Sénégal attire les Antillais. Il y a ceux qui se sont installés pendant la période de colonisation, des fonctionnaires qui se sentent français avant tout. Et puis il y a ceux qui sont arrivés en pleine vague d'indépendance. Une migration sur la terre des ancêtres méconnus ou oubliés se développe. Mon père va rencontrer la première catégorie sans connaître l'existence de la seconde.

« *Voir l'Afrique m'a procuré un sentiment étrange, je*

me suis senti proche et loin de tous ceux que j'ai croisés. Proche par la couleur de peau, par la langue, mais éloigné par la culture, la société. Ce ne fut pas le retour vers les origines. Mes origines sont françaises, j'ai été dressé comme cela. À l'école, j'ai appris par cœur : nos ancêtres les Gaulois avaient les yeux bleus et de longues moustaches tombantes. L'Afrique, l'esclavage était un non-dit ; la colonisation, un fait historique. Pourtant je ne vivais pas dans un milieu contraignant, ni politiquement ni culturellement. Il y avait un non-dit dans et hors de la famille. Ceci était confirmé par les commentaires négatifs des standards de la beauté noire. Nos références positives étaient blanches, les négatives étaient noires. Alors arriver dans un pays où les Noirs étaient à égalité avec les Blancs, cela a eu un effet de révélation, vite estompé par l'objet de ma venue sur cette terre d'Afrique : faire de la compétition avec l'équipe de la Guadeloupe. »

De loin, il verra l'ami de Césaire, le président du Sénégal, Léopold Sédar Senghor. C'est lui qui préside la cérémonie d'ouverture des troisièmes Jeux de l'Amitié. Cette compétition représentait, pour les républiques naissantes, l'occasion de valoriser un sentiment national.

Roger observe, apprend. Le junior première année rencontre les grands noms du sprint français comme Claude Piquemal et Jocelyn Delecour. Les champions ont dix ans de plus que l'adolescent et ne se laissent pas impressionner par le talent naissant. D'ailleurs il n'ira pas loin : éliminé dès les séries, il repart bredouille de sa première compétition internationale, sans amertume.

« Je ne me suis pas trouvé ridicule, ce n'était pas un échec, j'avais les yeux grands ouverts. »

Devant lui, c'est l'indépendantisme qui se dessine à travers la figure d'Abdoulaye Seye. Le sprinteur a gagné pour la France avant de courir pour le Sénégal. En 1960, aux Jeux olympiques de Rome, il décroche la médaille de bronze du 200 m. C'est une première pour le sprint français, une première également pour le Sénégal qui n'est pas encore indépendant.

Au moment de la décolonisation, Abdoulaye Seye court pour le Sénégal. La France perd un talent et trouve un nouvel adversaire.

Les dix années qui séparent mon père du champion le rendent humble lorsqu'il le croise à Dakar. Mais une conscience politique commence à s'éveiller chez l'adolescent.

« Je suis revenu avec un survêtement du Sénégal. Ça a été vécu comme une provocation alors que ce n'était pas ma préoccupation. »

Le bagage culturel bien rempli, le jeune Roger retourne en Guadeloupe avec un sentiment d'inachevé. Il était sur une terre indépendante, lui , le natif d'un nouveau département français, mais l'heure n'était pas aux revendications.

« Il était difficile de confirmer une conscience politique à l'époque. Les enseignants indépendantistes étaient emprisonnés. L'un de mes enseignants, un professeur de

math, a été pris dans la tourmente pour des propos tenus en dehors du lycée. Je n'ai jamais entendu un enseignant tenir des propos anti-français à l'intérieur. »

Mais au lycée Carnot, le questionnement sur le monde extérieur est naturel pour les élèves. Mon père et ses camarades se rapprochent du parti communiste. Ils vont créer la première cellule jeune du parti en Guadeloupe. L'adolescent est en pleine émancipation.

* **L'Afrique vue des Antilles, la terre des ancêtres inconnus.**

L'Afrique et les Antilles représentent les anciens empires coloniaux français au début des années 1960. L'Afrique a entamé son indépendance depuis le milieu des années 1950.

Pendant la colonisation, des fonctionnaires antillais de l'administration coloniale sont venus s'installer au Sénégal notamment. Ils étaient plus perçus comme des Européens assimilés que comme des Africains.

En pleines indépendances africaines, des intellectuels, des artistes ont rejoint le pays de Léopold Sédar Senghor, le cofondateur du mouvement de la Négritude avec Aimé Césaire. Cette migration est un retour aux sources ancestrales pour cette population en quête d'identité. Mais les liens entre l'Afrique et les Antilles restent divisés entre ces deux visions : une filiation revendiquée d'un côté et niée de l'autre.

4. Adieu les Antilles : la première Martiniquaise olympique

1967-1968 : la vedette sur la terre de France

Ghislaine Barnay n'en finit plus d'impressionner. La championne de France scolaire brille dans l'élite de l'athlétisme tricolore. Elle remporte son premier titre civil national en 1967 dans le stade de Colombes, en région parisienne.

La sauteuse fait briller une dernière fois le nom de son club martiniquais du Golden Star de Fort-de-France, mais la Martinique est désormais derrière elle. Ghislaine Barnay est devenue Parisienne. En cette année 1967, elle quitte les Antilles. Ce n'est qu'un au revoir pour le moment.

Elle vit à l'Institut national du sport dans le bois de Vincennes. Elle a la chance de ne pas se retrouver en pleine France profonde. Les autres camarades de sa promotion du Creps sont, eux, loin de la capitale, en pleine déprime en Bretagne ou dans la Creuse.

Ghislaine travaille et s'entraîne en région parisienne. La maîtresse enseignante a des journées bien chargées dans son lycée de Sceaux.

« J'avais quatre heures de trajet tous les jours pour me

rendre à Sceaux. Je partais dès 6 heures du matin car mes cours commençaient à 8 heures. »

De retour le soir, l'enseignante enfile sa tenue de sauteuse et s'entraîne avec l'énergie qui lui reste. Il faut croire que c'était suffisant pour continuer à progresser.

En 1968, Ghislaine Barnay bat son premier record de France sous les couleurs de son nouveau club parisien, le CA Montreuil. Elle voit tout un symbole dans la date de sa performance : le 4 mai, le jour anniversaire de la mort de sa mère ! Ghislaine s'est peut-être envolée en pensant à sa mère, mais elle n'en prendra conscience que plus tard en regardant son palmarès. L'exploit lui permet de se rapprocher de son rêve olympique.

Pour se préparer au mieux, elle reste à 100 % à l'INS. La maîtresse devient enseignante pour les sportifs de haut niveau. Fini les déplacements de quatre heures par jour, tout est optimisé pour lui permettre de s'entraîner dans les meilleures conditions. D'ailleurs, son entraîneur de toujours, Daniel Pinardon, veille sur sa pépite. Depuis la Guadeloupe où il est toujours entraîneur au Creps, il lui conseille d'aller s'entraîner avec le responsable de l'équipe masculine de saut en hauteur. Ghislaine accepte sans savoir que cette décision va retourner les filles de l'équipe de France contre elle.

Elle se rend d'abord à Hossegor, dans les Landes, avec les garçons. Puis elle retrouve les filles à Font-Romeu pour prendre de la hauteur dans les Pyrénées. L'ambiance est glaciale et cela n'a rien à voir avec les températures en altitude. La décision de s'entraîner avec les hommes a été mal prise par les femmes.

Ghislaine se retrouve seule dans son coin, mais ça ne l'empêche pas de profiter de l'expérience et de poursuivre sa progression. Elle s'envole à 1,75 m dans les hauteurs de Font-Romeu. Puis, en descendant de la montagne, elle bat une nouvelle fois le record de France avec 1,76 m réalisé à Paris, à quelques semaines des Jeux de Mexico.

Le rendez-vous olympique s'annonce épique pour la native de Martinique. Elle devient la première sélectionnée olympique de son île. Mais cette équipe de France idéalisée se heurte à la réalité d'une athlète noire avant tout.

« Il y a toujours eu du racisme, plus ou moins déguisé, mais il y a toujours eu du racisme. Un jour, lors d'un rassemblement de l'équipe de France en Finlande, des journalistes s'intéressaient aux nouveaux visages. Ils ont voulu me prendre en photo. Les responsables ont dit non car, pour eux, je n'étais pas française, alors que je portais le maillot de l'équipe de France ! »

Ghislaine n'est pas la seule colorée chez les tricolores, il y a aussi Marlène Canguio, la sauteuse de haies, première Guadeloupéenne olympique en 1964 à Tokyo. Les deux Antillaises sont en minorité mais restent solidaires pour faire face à la bataille des genres.

« Le fait d'être une femme dans le sport a été plus compliqué. Nous, les filles, on faisait des petites compétitions, alors que les garçons, on leur cherchait des grandes compétitions pour qu'ils soient représentatifs de l'équipe de France. »

Ma mère a toujours pris ces obstacles comme les moteurs de sa motivation. La famille, l'école, l'église, la société ont voulu lui imposer un chemin. Elle a choisi le sien en luttant.

« J'ai toujours été en bataille contre tout le monde, donc ça me donnait encore plus de force pour réaliser ce que je souhaitais. En améliorant à chaque fois le record de France, j'ai voulu prouver que l'on pouvait progresser, quelle que soit sa couleur de peau. »

Ghislaine partage son état d'esprit aux autres déracinés antillais qu'elle a plaisir à accompagner dans leurs premiers pas à l'INS, comme Bernard Lamitié, le triple sauteur guadeloupéen ou encore Emma Sulter, la sprinteuse martiniquaise. Elle fait office de grande sœur dans cette nouvelle famille sportive qu'elle s'est constituée.

*** L'évolution du record de France féminin du saut en hauteur.**

1918	1,29 m	Paule Fercoq
1924	1,45 m	Marguerite Patouillet
1946	1,61 m	Micheline Ostermeyer
1963	1,72 m	Geneviève Laureau
1968	1,74 m	Ghislaine Barnay
1969	1,80 m	Ghislaine Barnay
1973	1,81 m	Marie-Christine Debourse
1977	1,88 m	Marie-Christine Debourse
1983	1,91 m	Maryse Ewanje-Epéee
1985	1,96 m	Maryse Ewanje-Epéee
2007	1m97	Mélanie Skotnik

5. La Guadeloupe, De Gaulle, l'autonomie

1963-1964 : émancipation gagnante

À son retour du Sénégal, la conscience politique de Roger Bambuck est en plein éveil. Il se politise à travers la cellule jeunes du parti communiste. Il affiche ses origines avec fierté.

Sur le podium des championnats de France à Colombes, il porte un tee-shirt Guadeloupe. Certains sont surpris, comme le secrétaire d'État à la Jeunesse et aux Sports de l'époque, Maurice Herzog. Mais comme pour le survêtement du Sénégal, l'objectif de mon père n'est pas de provoquer, juste d'afficher qui il est et d'où il vient.

C'est avec ce même état d'esprit qu'il prépare la visite du général de Gaulle à Pointe-à-Pitre. Mais cette fois, le Guadeloupéen veut écrire un message sur son maillot Guadeloupe : « autonomie ».

« Lorsqu'un enfant grandit, les parents doivent lui laisser son autonomie, mais la France avait une tutelle paternaliste forte. »

Le message ne restera qu'au stade de l'intention, car l'athlète a besoin de la France pour se préparer.

Les championnats de France scolaires s'annoncent à Charléty.

Un nouveau chrono explosif lui permet d'attirer l'attention d'un responsable de l'équipe de France : Robert Bobin. Le directeur technique national est en pleine préparation de son équipe olympique pour Tokyo. Il propose au jeune Roger de venir se préparer à Paris, à l'INS. L'étudiant de 19 ans pourra poursuivre sa scolarité dans le lycée d'à côté, à Marcelin-Berthelot, mon futur lycée !

« Je n'ai pas eu d'hésitation à faire partie du collège des jeunes athlètes. Je n'ai jamais pensé être athlète professionnel, cette proposition était un don, pas un dû. Je savais que pour réussir, il fallait quitter son île. Il n'y avait rien en Guadeloupe, il fallait venir en France pour faire ses études. »

La famille Bambuck se prépare à voir partir un nouveau membre de l'autre côté de l'Atlantique. Après les deux grands frères, c'est le petit dernier qui va quitter le nid. L'émotion est présente, mais elle n'est pas visible.

« On a été éduqués dans la retenue, on ne montre pas nos sentiments, il n'y a pas d'expansion. »

Voilà le genre d'héritage dont je me serais bien passée, car il y a de quoi être fier ouvertement de ce début de carrière explosif.

Fier de ce déracinement fertile.

Fier de cette prise de conscience naissante.

À 19 ans, le junior deuxième année remporte ses premiers championnats de France. Il est sélectionné pour ses premiers Jeux à Tokyo en individuel.

En septembre 1964, c'est le baptême olympique.

« J'ai croisé Jesse Owens, Wilma Rudolf. Mon ambition était d'aller le plus loin possible. »

Avec une seule année d'expérience professionnelle, le jeune Roger ne dispute aucune finale.

« J'ai loupé de peu la qualif' pour les demi-finales du 200 m, et je me suis arrêté en quart de finale du 100 m. Mais je vis bien ces résultats, car c'est une période d'apprentissage. J'étais brut de décoffrage. Je me disais "les prochains Jeux, c'est pour moi". »

En attendant de briller aux Jeux, il faut décrocher le bac. Le candidat retourne en Guadeloupe pour passer l'épreuve. Il échoue. L'élève revient à Paris, bien décidé à devenir un maître.

L'entraînement reprend à l'INS, comme les études au lycée Marcelin-Berthelot de Saint-Maur.

Il n'a qu'un objectif en tête, les Jeux olympiques de Mexico en 1968.

Il sait qu'il ira, mais il ne le dit pas.

Il y a une différence entre ce que mon père laisse paraître et ce qu'il a dans la tête.

Il y a une différence entre être déterminé et être agressif.

Mon père l'a découvert en rencontrant un précurseur de la psychologie sportive. Le spécialiste estimait que l'athlète n'était pas assez agressif. Le jeune tigre tenta de se transformer en lion féroce mais il n'était pas heureux. Roger n'est pas agressif, il est déterminé.

Oublié le double échec de Tokyo et du bac, place à la réussite. Les années s'enchaînent avec faste.

En 1965, il bat le record de France du 100 m détenu depuis sept ans par le Français devenu Sénégalais, Abdoulaye Seye.

En 1966, il accélère : deux records de France en six mois, deux titres de champion d'Europe sur 200 m et avec le relais 4 x 100 m.

Roger Bambuck est l'homme le plus rapide d'Europe sur 100 m et 200 m.

Le champion retrouve le général de Gaulle à l'Élysée pour être décoré avec les autres membres de l'équipe de France. Il n'a pas préparé de tee-shirt "autonomie" cette fois, juste son plus beau costume et son plus beau sourire !

Il décroche enfin son bac sciences expérimentales et s'inscrit à l'université pour sa première année de médecine.

Tout roule pour Roger Bambuck pour entrer dans la dernière ligne droite avant les Jeux.

6. L'homme le plus rapide du monde

1967-1968 : au sommet du sprint mondial

Un an avant les Jeux de Mexico, l'horizon est dégagé pour Roger Bambuck. Le sprinter est sur les bons rails, et rien ne pourra contrarier ses plans.

Le contexte est pourtant en train de changer en Guadeloupe. En mai 1967, des manifestations éclatent sur l'archipel natal de mon père. Les ouvriers du bâtiment réclament des hausses de salaire. Les indépendantistes sont de plus en plus influents après la vague de décolonisation dans le monde. Les inégalités raciales sont criantes. Tout est réuni pour alimenter des émeutes. Elles dégénèrent. La police tire à balles réelles pour répondre aux jets de conques de lambis, faisant des dizaines de morts.

De l'autre côté de l'Atlantique, mon père est préoccupé. Il veut être utile pour les siens, pour son île. Mais il est impuissant. Il ne peut que suivre les informations et tenter de comprendre pourquoi une telle tragédie a pu se produire. Comment la France, dont il porte si fièrement les couleurs, a pu tirer sur son peuple. La seule chose à faire, c'est de montrer qu'un Guadeloupéen a de la valeur.

En juillet 1967, les chronos continuent à tomber. Mon père se rapproche des 10 secondes, le record du monde de l'époque. Il accélère sans être perturbé par la mort de son frère Edmond.

Son modèle, l'aîné de la fratrie, s'est suicidé à l'âge de 33 ans.

Avec leurs dix années de différence, les deux frères n'ont pas longtemps profité l'un de l'autre.

Edmond a quitté la Guadeloupe lorsque mon père était enfant. « *Ses lettres étaient très attendues à la maison.* » Le benjamin a retrouvé l'aîné à Paris lorsqu'il est devenu adulte. Entre les deux périodes, une vie s'est construite avec difficultés.

« *Il devait s'engager pour faire une carrière militaire. Manque de pot, il a eu un accident. Il aurait dû partir en Indochine, il a été déclaré inapte. Il a quitté l'armée. Il s'est reconverti en devenant radioélectricien. Il s'est marié en France, il a eu deux enfants. Il avait un projet de revenir s'installer en Guadeloupe, mais ça n'a pas fonctionné.* »

C'est tout ce que j'ai réussi à apprendre sur cet oncle fantôme dont personne ne parle dans la famille Bambuck. La manière dont il a choisi de quitter la terre est sûrement responsable de ce silence pesant. On ne pardonne pas à ceux qui décident de mettre fin à leurs jours.

Mon père a sûrement été marqué par cette disparition mais comme le veut son éducation, il n'a rien laissé transparaître. Il n'a même pas ralenti dans sa course effrénée à la qualification olympique.

Le prince d'Europe veut devenir roi du monde, mais il doit pour cela écarter les Américains. L'athlétisme, à la fin des années 1960, se décline en Europe, mais les rencontres avec les Américains sont rares, car les championnats du monde n'existent pas.

En 1968, une nouvelle compétition européenne s'annonce : un match France-Allemagne. Les deux pays doivent aligner leurs meilleurs athlètes. Le responsable de l'équipe de France, Robert Bobin, compte sur son champion guadeloupéen.

Mais un autre homme compte aussi sur mon père pour faire briller la France sur la terre des champions. Le colonel Crespin a été nommé par le général de Gaulle pour diriger les sports dans le gouvernement. Le sport est affaire de stratégie politique, d'où la nomination d'un militaire. Ce colonel veut permettre au champion d'Europe de se confronter à plus fort que lui.

« Il savait qu'en Europe je n'avais pas d'adversaire à mon niveau. Il m'a demandé si ça m'intéressait d'aller participer aux championnats des États-Unis. J'ai dit oui. Aller rencontrer les Américains, ça ne se refuse pas. »

L'affaire prend des allures de crise interne dans les instances françaises : contre l'avis du directeur technique national, Roger Bambuck part aux États-Unis défier ses meilleurs ennemis.

La nuit du 20 juin 1968, à Sacramento, restera dans les annales de l'athlétisme mondial. En une soirée, cinq records du monde ont été égalés ou améliorés. Mon père décrochera l'un des chronos historiques.

« Je me souviens, en série, je me sentais très bien, très fort, très rapide. J'ai fait dix secondes, comme Charlie Greene. Quand j'ai vu le temps, j'ai demandé quelle était la vitesse du vent. On m'a dit que le vent était correct, le record pouvait être homologué. J'étais content, je ne me suis pas jeté partout comme les gens font aujourd'hui. J'étais dans la retenue, mais j'étais heureux et j'ai eu un bonheur à être présent dans cette course. De tous les titres, c'est celui auquel je tiens le plus, le fait d'avoir été co-recordman du monde du 100 m. C'était pas un objectif, c'était un rêve, égaler le record du monde, ça classe son athlète. »

Roger Bambuck est confiant, à quelques mois des Jeux de Mexico. Il a réussi à relever le défi dans une course qui marquera le siècle. Il vient de montrer aux Guadeloupéens qu'ils n'ont aucune raison de baisser la tête, de se sentir inférieurs. « *Lorsque je disais aux amis guadeloupéens que j'allais gagner, ils me disaient "tu n'y penses pas". À l'époque, il y avait un complexe des Guadeloupéens vis-à-vis de tout ce qui est extérieur à la Guadeloupe. Moi, j'avançais avec une confiance énorme en moi. Je n'ai jamais douté un instant que j'aurais réussi.* »

Roger Bambuck restera le premier et le seul Français à avoir réussi cette performance.

*** Tablette record du monde du 100 m.**

La Fédération internationale d'athlétisme a homologué 67 records du monde entre 1912 et 2009. La mesure de ces temps a évolué en passant du chronomètre manuel au chronomètre électronique. Les temps mesurés au dixième de seconde en temps manuel ont pu se préciser au centième de seconde en temps électronique.

1912	10s 6	Américain Don Lippincott	JO Stockholm
1936	10s 2	Américain Jesse Owens	Championnat universitaire américain
1960	10s	Allemand Armin Hary	Meeting de Zurich
1968	10s	Français Roger Bambuck	Sacramento
1968	9s 95	Américain Jim Hines	JO Mexico
1983	9s 93	Américain Calvin Smith	Colorado Springs
1988	9s 92	Américain Carl Lewis	JO Séoul
1991	9s 86	Américain Carl Lewis	Championnats du monde Tokyo
1994	9s 85	Américain Leroy Burell	Meeting de Lausanne
1996	9s 84	Canadien Donovan Bailey	JO Atlanta
1999	9s 79	Américain Maurice Greene	Meeting d'Athènes
2005	9s 77	Jamaicain Asafa Powell	Meeting d'Athènes
2007	9s 74	Jamaicain Asafa Powell	Meeting de Rieti
2008	9s 72	Jamaicain Usain Bolt	Meeting de New York
2008	9s 69	Jamaicain Usain Bolt	JO Pékin
2009	9s 58	Jamaicain Usain Bolt	Championnats du monde de Berlin

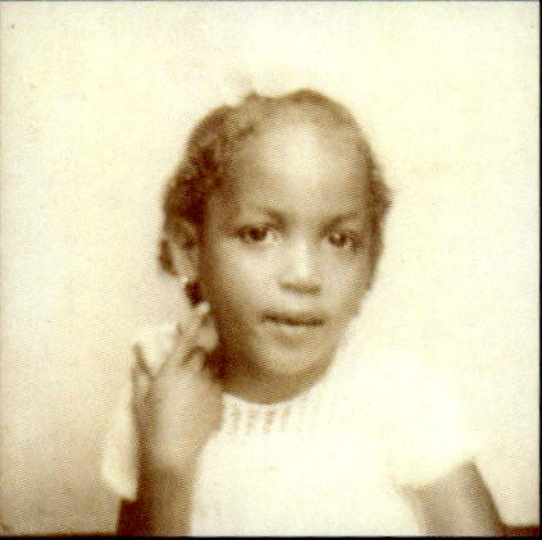

Ghislaine Barnay enfant. ©*Famille Barnay*
Roger Bambuck à 12 ans. ©*Famille Bambuck*
Roger Bambuck à 19 ans, en Guadeloupe. ©*Famille Bambuck*
Ghislaine Barnay à 19 ans, à Trinidad. ©*Ghislaine Barnay*

Portrait de Roger Bambuck. ©*Roger Bambuck*

Portrait de Ghislaine Barnay. ©*Famille Barnay*

Le Miroir des Sports,
juillet 1968.

GHISLAINE BARNAY, atractiva morena francesa, obligó a los varones a presenciar de cerca su práctica.

Ghislaine Barnay dans un journal mexicain à l'occasion des Jeux de 1968.

Roger Bambuck en série du 100 m des JO de Tokyo 64.
©*Famille Barnay-Bambuck*

Roger et Ghislaine à Mexico 68. ©*Charles-Henri Césaire*

Ghislaine et Roger sur la plage en Martinique. ©*Famille Barnay-Bambuck*
Mariage de Ghislaine et Roger, en Martinique, en 1974. ©*Gilbert Iundt*

Roger, Aurélie et Frédéric.
©Famille Barnay-Bambuck

Démonstration de l'enseignante
Ghislaine Bambuck.

Affiche pour la campagne
des législatives, en 1993

Famille Bambuck aux JO de Séoul en 1988. ©*Famille Barnay-Bambuck*

Ghislaine et Roger avec Tommie Smith au Mémorial ACTe en Guadeloupe, en 2015. ©*Famille Bambuck*

Famille Bambuck à l'occasion d'une remise de prix à Ghislaine Bambuck aux Invalides, en 2000.

FRANCE-ALLEMAGNE : DIFFICILE MAIS PASSIONNANT...

L'ÉQUIPE

J'AI VU SAUTER LE COUVERCLE DU SPRINT...

ROUEN VAINQUEUR

HAGMANN CONFIRME DISTANCE POULIDOR MENACE PFENNINGER

Trois 9"9 en demi-finales des Championnats U.S. : Greene, Hines et R. Smith

LUYCE : 17'6"5

M.-J. KERSAUDY

TROISIÈME ACTE : Greene vainqueur d'un souffle

L'Équipe, juin 1968, après le record du monde de Sacramento.

savez lire
ous savez
vous
sez d'une
e par jour
le cidec
e vous un
écialiste
cherché
en payé

ROGER BAMBUCK : Sur 100 mètres, il sera le plus grand et aussi le plus beau

PAR GUY LAGORCE

UN STYLE DE VELOURS

Miroir des sports décembre 1966.

SPORTS

ATHLÉTISME

Ghislaine BARNAY la "Carmen Noire" de l'athlétisme français vise une situation à la hauteur

UNE FAIBLESSE : LA COURSE D'ÉLAN

France Antilles 1967.

Aurélie Bambuck et ses parents, mars 2024. ©*Charlotte Caunac*

7. La rencontre

1965-1968 : de duo à couple

Une vedette d'un côté, une star de l'autre, mes parents sont presque au sommet de leur gloire. Il ne leur reste plus qu'une marche pour atteindre le graal olympique. Mais dans leur quête, ils vont également trouver l'amour.

J'ai toujours été rêveuse lorsque mes parents m'ont raconté leur rencontre. J'imaginais plus que la réalité qu'ils me décrivaient. Je rajoutais une pincée de romantisme, un soupçon de passion, le tout saupoudré de bons sentiments.

Mes souvenirs d'enfance se heurtent aujourd'hui à la réalité d'un couple uni depuis cinquante ans pour le meilleur et pour le pire. Ils n'ont cessé d'affronter ces vagues contraires, en vacillant par moment, mais en restant toujours côte à côte.

En cette fin des années 1960, Ghislaine Barnay et Roger Bambuck ne se fréquentent pas encore. Pourtant ils se sont déjà croisés lors de compétitions. L'équipe de la Martiniquaise a déjà affronté celle du Guadeloupéen.

« On battait tout le temps la Guadeloupe dans ces compétitions scolaires. Je me rappelle même d'une fois où les Guadeloupéens nous ont poursuivis avec des pierres, ces sauvages ! »

La traditionnelle rivalité entre les deux îles fait partie du fondement du couple de mes parents. Ils ne se voyaient pas comme homme et femme à séduire mais comme adversaire à battre ! Et lorsqu'ils ne s'opposent pas, ils sont chacun dans une bulle sportive, concentrés sur leurs propres performances.

« En 1963, j'ai fini deuxième lors des championnats de France scolaires à Charléty. Ghislaine était la vedette, elle a gagné. »

Et la championne de remarquer à peine la présence du Guadeloupéen. *« Il commençait, il n'était pas encore connu, je ne l'ai pas vu. Je ne sais pas s'il m'a vue, mais de toutes les façons, chaque île était de son côté. »*

C'est l'équipe de France qui va les rapprocher. En 1965, Roger Bambuck est le petit jeune qui monte chez les Bleus. Il effectue un déplacement en Martinique avec les autres tricolores. Ghislaine Barnay, star locale, est conviée.

Un photographe réussira à immortaliser la rencontre, mais les deux Antillais s'ignorent toujours. *« Les athlètes martiniquaises ne m'intéressaient pas ! »*

La réciproque est vraie car ce n'est pas un sourire qui éclaire le visage de ma mère sur ce cliché, mais une grimace traduisant le piège médiatique dans lequel elle s'est sentie enfermée.

Les deux futurs amants se tournent autour sans jamais s'arrêter.

Mais dans mon esprit d'enfant, tout a commencé lorsque ma mère a été missionnée pour faire la messagère de l'une de ses camarades du Creps. Elle était amoureuse de Roger Bambuck et savait que ma mère le croisait dans les compétitions hexagonales. Elle lui a donc confié des missives enflammées.

« Je lui ai donné sa lettre, il m'a dit merci et je suis partie. »

Mon père a vu le message différemment.

« J'avais le choix entre la tuer, car on dit qu'il faut toujours tuer le porteur d'un message, ou l'embrasser. »

Je ne serais pas là si mon père avait choisi la première option moyenâgeuse ! Il a préféré la messagère aux messages.

Comme la réserve est la marque de fabrique de mes parents, ils ne m'ont jamais dit ouvertement que c'est comme ça que leur histoire d'amour avait commencé, mais les sourires en coin et les regards complices parlent mieux que des mots.

Lorsque la Martiniquaise et le Guadeloupéen se retrouvent internes à l'INS tous les deux, la romance peut commencer.

L'un des camarades de l'équipe de France de mes parents, le lanceur de marteau Jacques Accambray, m'a confié que dans le temple des champions, tout le monde savait que ces deux-là étaient ensemble, même s'ils restaient discrets, comme me le confirmera mon père.

« Je n'ai jamais dit aux autres que j'avais un faible pour elle, ça ne les regardait pas. On passait plus de temps ensemble, mais on ne se tenait pas par la main. »

En mai 68, en pleine révolte populaire dans les rues de Paris, les amoureux partagent leur pain quotidien.

« Comme les cuisiniers étaient en grève à l'INS, on se retrouvait pour faire des sandwiches.

On en a mangé pendant près d'un mois. »

Les deux athlètes sont en pleine préparation olympique. Les Jeux de Mexico s'annoncent au mois d'octobre.

Pour se préparer à se défier en altitude, l'équipe de France part dans les Pyrénées, à Font-Romeu. Les journalistes en profitent pour immortaliser pour la première fois le champion Roger Bambuck, aux côtés d'une femme, Ghislaine Barnay.

« Il était peut-être venu me parler, mais moi je ne le connaissais pas plus. »

Ma mère tient toujours à distance ce qui pourrait mettre à nu son cœur. Il reste protégé par cette armure forgée depuis sa blessure d'enfance. Mais l'amour est plus fort que tout. Le favori de Mexico poursuit son approche à l'arrivée dans la capitale d'Amérique centrale.

« Lorsque la délégation française est arrivée à Mexico, j'étais contente car je retrouvais les mêmes conditions climatiques qu'en Martinique. Je me suis mise à chanter,

et monsieur vient près de moi et me dit qu'il ne faut pas que je chante comme ça. »

Il y a plus romantique comme approche, mais je vois que la tactique de mon père a été de ne jamais lâcher, de toujours se montrer, lorsque le planning olympique très chargé le permettait. Ainsi le 8 octobre, date anniversaire de Ghislaine Barnay, Roger Bambuck s'invite dans le bâtiment des filles pour célébrer la reine du jour.

« J'étais étonnée parce que c'était le village réservé aux femmes. Mais ce sont les responsables de la délégation qui l'avaient invité, alors on a bu un pot ensemble et après ils sont partis. »

Pour finaliser sa parade, mon père a choisi la même sortie loisir que ma mère.

« On avait le choix entre une destination touristique, Acapulco, et une destination culturelle, les temples maya de Teotihuacan. J'ai choisi la deuxième option et lui aussi. »

Et mon père de confirmer sa tactique : *« Je l'ai suivie chez les Mayas parce qu'elle m'avait tapé dans l'œil. »*

L'histoire d'amour commence à prendre forme, mais les deux amants sont des athlètes avant tout, et ils doivent mener à bien leur mission olympique.

8. Mexico ville de contestation et d'amour

1968 : sortir de sa bulle

Les Jeux olympiques de Mexico sont pour moi un point de départ. Pour la première fois dans l'histoire des Jeux, un pays classé en voie de développement accueille le plus grand événement de l'Occident.

Le contexte politique agité du monde en 1968 va s'inviter au milieu de la scène. Tout commence avant le début de la fête olympique. Le 2 octobre 1968, dix jours avant l'ouverture des Jeux, des étudiants mexicains sont rassemblés sur la place des Trois-Cultures en plein centre-ville. Comme les étudiants français et ceux du monde en cette année perturbée, ils dénoncent, revendiquent, espèrent un monde meilleur. La réponse du régime mexicain sera brutale. Les manifestants sont massacrés par les autorités qui cherchent à effacer toute image négative aux yeux du monde entier. Trois cents personnes vont mourir selon le bilan officieux.

Quelques jours plus tard, la délégation française débarque à Mexico. Roger Bambuck n'est pas sourd aux bruits du monde qui se répandent depuis le milieu de cette année 1968.

« Mai 68, c'était une ébullition, l'INS était en grève.

J'étais solidaire. On est allé voir les manifestations. À Font-Romeu, il y avait des manifestants qui nous ont dit de ne pas aller à Mexico. Lorsque nous sommes arrivés là-bas, il y a eu le massacre de la place des Trois-Cultures, je voulais y aller. La seule personne avec qui je parlais de ça, c'était Guy Lagorce. »

Ce Guy Lagorce est un ancien athlète de l'équipe de France reconverti en journaliste. Il travaille à l'époque pour le journal sportif *L'Équipe*. Il informe ainsi mon père de tous les événements qui se déroulent en dehors de la bulle sportive, une bulle qui isole, qui masque la réalité du monde. C'est lui qui l'a alerté sur le comportement des athlètes noirs américains en pleine défense de leurs droits civiques bafoués sur leur territoire. Il en connaissait particulièrement deux qui lui avaient confié, depuis les États-Unis, préparer un coup à Mexico : Tommie Smith et John Carlos.

Mon père, le Noir français, s'intéressait à cette question. Mais le sportif, si concerné soit-il par ce qui se passe en dehors de sa bulle, a du mal à en sortir. Roger Bambuck est à Mexico pour une raison : décrocher l'or olympique.

Pour ma mère, ses premiers Jeux sont une chance de convertir la démonstration d'une athlète noire en équipe de France. Elle peut décrocher une finale olympique !

Ghislaine Barnay est émerveillée par son baptême. Elle va défiler fièrement au premier rang de la délégation lors de la cérémonie d'ouverture. Ces images m'ont toujours touchée : voir ma mère dans son uniforme bleu faire tourner son mouchoir et sourire au monde !

La Bleue est également impressionnée par une nouvelle technique dans sa discipline : le Fosbury, du nom d'un sauteur américain, Dick Fosbury, qui, pour la première fois, tenta de franchir une barre en lui tournant le dos ! Mais pas question de changer de technique pour Ghislaine Barnay.

Elle veut faire face à son obstacle.

La première Martiniquaise sélectionnée olympique va devenir la première Martiniquaise finaliste olympique. Cela va lui coûter trois kilos. C'est le poids qu'elle aura perdu entre le concours de qualification et la finale.

« Je devais passer 1,71 m à trois reprises pour me qualifier. Je l'ai fait, mais je n'en pouvais plus pour la finale. J'ai terminé neuvième du concours. »

Mon père était aussi épuisé par le rythme de la compétition.

« J'étais le seul athlète qui était tous les jours sur le stade d'athlétisme. »

Le favori est engagé sur 100 et 200 m et avec le relais 4 x 100 m. Il doit passer chaque tour.

Le co-recordman du monde est arrivé confiant aux Jeux.

« Ma confiance a été un peu écornée parce que j'ai eu une angine. Quelques jours avant les épreuves, j'avais la fièvre. J'aurais pu être champion olympique et je sentais qu'il s'échappait quelque chose. »

Malgré la fièvre et la fatigue, Roger Bambuck est le seul sprinter à avoir disputé trois finales : il termine cinquième du 100 et du 200 m et se hisse sur la troisième marche du podium avec le relais 4 x 100 m.

Cette médaille de bronze, je la conserve précieusement comme preuve d'un succès inabouti. Car finir troisième aux Jeux n'est pas l'ambition d'un champion. La déception a dû être grande pour mon père. J'ai pu en avoir un aperçu en découvrant les images de la finale du 100 m tournées avec sa caméra. On le voit les bras ballants après l'arrivée, comme perdu dans cet immense stade au milieu des photographes venus immortaliser le champion, l'Américain Charles Green.

Pour le 200 m, son visage est le contraire de celui du vainqueur. La souffrance face à la joie, le désespoir face à la libération. Car il s'est libéré, Tommie Smith, en franchissant le premier la ligne d'arrivée, et il va libérer tout un peuple quelques heures plus tard sur le podium. Après avoir levé les bras, il va lever le poing sur la plus haute marche, suivi, deux marches derrière, par son compatriote John Carlos. L'image de ces deux Américains a fait le tour du monde. Elle a été un déclic pour mes parents qui connaissaient Smith et Carlos pour les avoir croisés dans une compétition dans les Caraïbes, à Trinidad.

Roger et Ghislaine n'étaient pas dans le stade le 16 octobre 1968, le jour de la cérémonie de remise des médailles du 200 m. Ils étaient devant un téléviseur. À l'époque, les athlètes ne restaient pas dans le stade après leur compétition. Ils rentraient directement au village olympique. Ainsi, ma mère, depuis une salle, découvre la scène.

« Je me disais "ils ont raison". En équipe de France, personne n'était d'accord avec moi. On disait que le sport, c'est pas de la politique, alors que le sport, c'est avant tout de la politique. »

Mon père, de son côté, n'a pas cherché bien longtemps à débattre avec tous ces athlètes coincés dans leur bulle. Ce jour-là, à Mexico, deux athlètes sont sortis de leur univers transpirant pour s'ouvrir à la fièvre de la réalité du monde. Le duo noir français comprend le combat des Noirs américains.

« Quand Smith et Carlos ont manifesté, je disais "voilà des gens qui ont des choses à dire sur le plan humain. Ils ne peuvent le dire qu'aux Jeux car c'est très fort sur le plan humain". Les autres athlètes disaient "on ne fait pas de politique", alors que je pensais que tout était politique. Je me suis rendu compte du chemin parcouru lors de la finale du 100 m, il n'y avait que des athlètes noirs, c'était la première fois aux Jeux. »

Avec leur conscience politique désormais éveillée, mes parents quittent Mexico avec l'envie d'éclater les bulles. Ils recroiseront Tommie Smith des décennies plus tard, à l'occasion d'un voyage en Guadeloupe. Les trois athlètes se sont trouvés réunis devant le Mémorial

ACTe, le premier musée dédié à la mémoire de l'esclavage colonial, un système qui a mené à la révolte des descendants des exploités dans un stade olympique.

J'ai eu l'occasion d'interroger une fois Tommie Smith sur son geste. C'était en 2004. Je l'ai rencontré en tant que journaliste pour l'inauguration du premier stade à son nom en France, en Seine-Saint-Denis. Il m'a dit être toujours fier de son poing levé, même si ça lui a coûté sa carrière : il a été banni de l'athlétisme américain et olympique pour s'être battu pour les droits des Noirs américains.

*** Le geste des Américains pour défendre leurs droits.**

Le mercredi 16 octobre 1968, le monde entier est choqué par le geste de deux athlètes noirs américains. Sur le podium du 200 m, le vainqueur Tommie Smith et son compatriote John Carlos lèvent leur poing ganté de noir. Ils baissent la tête au moment où s'élève le drapeau américain, car ils ont honte de ce que leur pays fait subir à la communauté noire.

Quelques mois avant les Jeux, Martin Luther King a été assassiné. Le boycott des athlètes noirs est envisagé pour Mexico, mais la stratégie retenue sera de se servir des Jeux pour revendiquer. Tommie Smith et John Carlos ont prémédité leur geste : ils s'avancent vers le podium avec des chaussettes noires, symbole de la pauvreté, sous leur survêtement ils portent un macaron laissant apparaître l'inscription « *Project for human right* », le symbole de leur revendication contre les inégalités raciales. Ce macaron est porté également par le troisième homme du podium : Peter Normann. L'Australien blanc se sentait solidaire.

Pour ce geste, Tommie Smith et John Carlos ont été exclus des Jeux. De retour aux États-Unis, ils ont été exclus de l'athlétisme américain. Ils ont reçu des menaces de mort pour avoir baissé la tête devant le drapeau américain. Les carrières des athlètes s'arrêtent brutalement. Ce n'est qu'en 2016 qu'ils seront réhabilités par le président américain. Le premier président noir américain, Barack Obama, les reçoit à la Maison Blanche.

9. Munich : on ne joue plus

1972 : terreur sur les Jeux

De retour en France après Mexico, Roger Bambuck n'est plus que l'ombre du champion. Il n'a plus le goût de reprendre l'entraînement. Il voulait devenir champion olympique. Il n'a que la médaille de bronze pour une performance par équipe.

Je me suis longtemps demandé pourquoi mon père n'avait pas persévéré. Il n'avait pas atteint son objectif. À 23 ans, on n'est pas trop vieux pour courir ! Mais le jeune Roger avait déjà tiré un trait sur sa carrière.

« *Ça me semblait pesant d'aller m'entraîner. Je n'avais plus d'enthousiasme. J'ai arrêté une bonne année. Lorsque j'ai voulu reprendre, je me suis blessé pour la première fois de ma carrière.* »

Roger Bambuck n'est pas sur les pistes en 1969, mais sa petite amie, Ghislaine Barnay, saute toujours. Les deux amants vont au cinéma, au restaurant. Roger vit dans un studio à Paris, pendant que Ghislaine est restée interne à l'INS. Elle cherche toujours à progresser.

En 1969, elle va porter le record de France du saut en hauteur à 1,80 m, son quatrième record, son ultime record. En deux ans, elle l'aura fait progresser de sept centimètres.

Mais pour battre des records, il faut repousser à chaque fois les limites de son corps. La recordwoman est victime d'un claquage à la jambe droite. Puis c'est le genou gauche qui se manifeste. Cette précieuse articulation sans laquelle un sauteur ne peut pas entamer son décollage. La fusée Barnay est à terre. « Le désespoir de Barnay » titrera un quotidien sportif. Ma mère va consulter sept médecins pour savoir de quel mal elle souffre. Un corps étranger s'est logé dans son précieux genou, détaillera l'article. Ghislaine doit se faire opérer et elle se confie sans plainte, sans indignation, précise le journaliste.

« La discrétion et la pudeur dominent plus que jamais son tempérament. »

Je reconnais bien là ma mère, et moi aussi d'ailleurs !

« Jusqu'à maintenant, j'ai été un peu déroutée par les contradictions des spécialistes. Je voudrais savoir si je dois mettre une croix sur ma carrière. Dans l'activité de tous les jours, je ne ressens rien. L'opération me fait peur. »

Ma mère n'a plus son armure. La petite fille à la blessure inguérissable s'enferme dans sa souffrance. En convalescence à la clinique de Saint-Maur, elle reçoit la visite de Roger mais ne le voit pas.

« Elle était dans sa douleur, mais c'était normal d'aller la voir, c'était normal que je la soutienne. »

La rééducation est laborieuse, elle n'est pas adaptée. C'est de la rééducation pour personnes âgées. Avec un genou amoindri, Ghislaine sent qu'une carrière s'achève, mais la compétitrice veut toujours pouvoir s'exprimer.

« Je n'étais pas aussi performante qu'avant en saut en hauteur, je sentais que je ne progresserais plus. Alors j'ai demandé à faire du 400 m, parce que j'aimais beaucoup courir lorsque j'étais au lycée technique. On m'avait mise à la hauteur parce que j'étais la meilleure, mais je préférais la course. »

La sauteuse entreprend une reconversion inédite : elle va devenir sprinteuse. Ça tombe bien, elle côtoie un sprinter qui va pouvoir lui donner des conseils.

« Elle était belle quand elle courait, elle n'avait pas besoin de conseils. Le peu de conseils que j'ai donnés, c'est sur son attitude : il fallait qu'elle soit plus souple, plus déliée, mais elle avait de la grâce. »

Pour aller au bout de sa reconversion, la sprinteuse se donne un objectif olympique. Les Jeux de Munich s'annoncent, et Ghislaine Barnay s'y verrait bien. On lui donne une condition : terminer dans les quatre premières des championnats de France. La nouvelle sprinteuse réussit et termine quatrième. Elle a son billet pour l'Allemagne, mais les règles n'arrêtent pas de changer. En tant que quatrième meilleure française, elle aurait dû figurer parmi les titulaires avec la championne olympique Colette Besson. Mais on lui rajoute des contraintes : faire plusieurs fois le même temps. Ghislaine obtempère jusqu'à ce qu'elle se rende compte que rien ne changera : on ne veut pas d'elle dans ce relais, on ne comprend pas pourquoi une sauteuse veut devenir sprinteuse, on n'accepte pas la reconversion.

Ghislaine Barnay sera bien présente à Munich, mais en tant que remplaçante, sur le bord de la piste, comme Roger Bambuck. Car le sprinteur a définitivement raccroché les pointes. Diminué par une blessure, et par le manque de motivation, il n'a pas été sélectionné.

Roger Bambuck sera à Munich en tant que consultant. C'est le début de ce métier qui permet aujourd'hui une reconversion en douceur aux champions toujours en mal d'émotions fortes. Mais à l'époque, le procédé n'est pas courant.

Mon père est engagé par Europe 1, et comme il travaille, il n'est plus du tout considéré comme un athlète amateur. Roger Bambuck se retrouve donc en Allemagne sans ses pointes mais avec un micro. Il ne regrette pas son choix, même en assistant à la finale du 100 m.

« C'est le soviétique Borzov qui s'est imposé. Il n'y avait pas d'Américain. Je n'ai pas vécu la finale comme si j'y étais, pour moi la page était tournée. »

Roger fait maintenant pleinement partie du monde réel, plus de bulle pour lui détourner le regard. D'ailleurs, l'homme conscient ne tourne pas la tête lorsqu'il découvre l'horreur du camp de concentration de Dachau. Il est surpris de voir la nouvelle stratégie d'affichage des Allemands 36 ans après les Jeux de Berlin.

« J'ai eu le sentiment que les Allemands ne voulaient pas passer pour des Allemands ! Dans mon imaginaire, les Allemands, c'est la discipline. Et là, j'avais l'impression qu'ils étaient faussement décontractés, comme s'ils voulaient enlever le côté rigoureux qu'on leur prête, pour se réhabiliter de quelque chose, ça m'avait frappé. »

Mais comme à Mexico quatre ans auparavant, les Jeux de Munich vont connaître l'horreur. Le 5 septembre, au petit matin, un groupe de terroristes pénètre dans le village olympique en se faisant passer pour des athlètes. Ils ont des survêtements et des sacs de sport remplis d'armes. Ces hommes sont Palestiniens et veulent s'en prendre aux Israéliens. Ils surprennent la délégation dans son sommeil. Neuf membres sont pris en otage.

Le jour se lève avec cette nouvelle qui précipite des dizaines de journalistes aux abords du village olympique. Mon père en fait partie. *« J'ai tout suivi, j'ai fait le son d'un Canadien qui témoigne de la fusillade. »*

Les Jeux olympiques sont interrompus pendant vingt-quatre heures. La prise d'otages se termine dans un bain de sang dans la nuit du 5 au 6 septembre : onze otages israéliens sont tués par les terroristes.

Mon père a une confirmation. « *Le sport n'est pas exclu de la vie, ce n'est pas une parenthèse, la réalité s'impose au sport comme elle s'impose à tous les moments de la vie. »*

Le lendemain du drame, une cérémonie d'hommage est organisée dans le stade olympique, mais les Jeux vont continuer. La décision surprend ma mère.

« J'ai dit au responsable de l'équipe de France : "Des athlètes ont été tués, moi je ne veux pas continuer à participer aux Jeux". Et il m'a dit : "Vous ferez ce qu'on vous demande de faire". Les Jeux ont continué alors que moi je pensais que devant un tel drame, il aurait fallu arrêter les jeux. »

La position de Ghislaine Barnay n'est pas majoritaire parmi les athlètes, une fois de plus. Roger Bambuck, ex-athlète, partage la même gêne.

« En tant qu'être humain, je trouvais que c'était lourd de continuer à faire la fête en oubliant qu'il y avait d'autres athlètes qui s'étaient fait assassiner parce qu'ils étaient Israéliens. »

Mes parents quittent l'Allemagne avec des envies de vivre autrement. Après des Jeux qui se poursuivent à tout prix, et la désillusion du relais 4 x 400 m, ma mère décide de rejoindre mon père dans sa retraite sportive.

« Après Munich, je demande un entretien au directeur technique national et je lui dis que j'ai décidé de mettre un terme à ma carrière parce que nous ne partageons pas les mêmes valeurs du sport. »

Une page se tourne, mais le livre de la vie de mes champions de parents est loin d'être terminé.

*** Attentat aux JO de Munich.**

Les Palestiniens qui ont commis l'attentat pendant les Jeux de Munich font partie de l'organisation terroriste Septembre noir. Ils passent à l'action le 5 septembre à l'aube, en se faisant passer pour des athlètes. Les huit terroristes pénètrent dans l'immeuble de la délégation israélienne qui compte vingt et un sportifs et encadrants. Deux membres de la délégation vont se faire tuer dès l'entrée des assaillants : un entraîneur de lutte et un haltérophile qui tentaient de s'interposer.

Une dizaine d'Israéliens arrive à s'enfuir. Neuf sont pris en otage.

Les Palestiniens réclament la libération de militants détenus en Israël. Ils veulent également un avion pour quitter l'Allemagne avec les otages avant de les remettre vivants aux autorités.

Des hélicoptères sont envoyés au village olympique pour transporter les terroristes et leurs otages vers une base aérienne. Dans la nuit du 5 septembre, les hélicoptères se posent à l'aéroport et la tuerie commence : les tireurs d'élite allemands ouvrent le feu, les Palestiniens mitraillent les otages et font exploser un hélicoptère. Les neuf otages sont morts. Cinq terroristes sont tués et trois seront arrêtés.

10. Mariage de champions

1974 : la course d'une vie

Les carrières d'athlètes de mes parents se sont arrêtées après Munich, mais ils ont encore toute une vie à construire.

Mon père s'est perdu dans ses études de médecine. Comme son temps d'études n'était pas aménagé avec sa vie de sportif de haut niveau, il n'a jamais été dans les meilleures conditions pour réussir ses examens.

À bientôt 30 ans, il a une nouvelle carrière à construire, contrairement à ma mère qui est enseignante à l'INS depuis 1968. L'école des champions n'est plus que son seul lieu de travail. Elle vit désormais non loin du bois de Vincennes, dans un appartement au Perreux.

Roger lui rend visite de temps en temps, mais les deux amoureux sont en froid. Depuis que Ghislaine a eu le malheur de donner un conseil à Roger. Il cherchait à retrouver ses sensations passées de champion, il était prêt à raccrocher définitivement mais voulait se lancer un nouveau défi. Ghislaine lui conseilla de ne pas s'aligner aux championnats de France.

« Monsieur était fâché, il est parti et ne m'a plus adressé la parole. »

Roger Bambuck s'est tout de même aligné à ses ultimes championnats de France : il n'arrivera pas à se qualifier en finale.

« J'étais fâché qu'elle me dise ce que je devais faire. »

On est comme ça chez les Bambuck, ni dieu, ni maître !

Pour partir du bon pied dans sa nouvelle vie, il faut de nouvelles bases. Le sport de haut niveau n'est plus le socle sur lequel il faut s'appuyer. Mais il reste la famille, pour Ghislaine et Roger. Une famille à fonder, en voilà une bonne idée !

En 1974, les deux anciens champions décident de s'unir. Enfin c'est mon père qui a décidé pour ma mère si j'en crois son récit.

« Un jour, il m'invite en Martinique. J'y vais, et il me fait sa demande en mariage. Je lui ai dit "j'ai besoin d'une journée pour réfléchir". Il est allé voir mon père à son travail pour lui demander ma main, et mon père a accepté, alors que moi je n'étais pas tellement d'accord. »

C'est peut-être la pudeur qui fait que ma mère me raconte ce souvenir sans émotion. À moins que les années de mariage ne soient devenues si pesantes qu'elles effacent les instants magiques. En même temps, du côté de mon père, la magie ne semble pas sa préoccupation principale.

« À un moment, nous sommes allés à la Martinique tous les deux, et c'est là que je lui ai fait ma demande en mariage. Il fallait que je le fasse, pour me ranger. »

Et mon père de se défendre de ne jamais avoir été volage, mais la porte de la suspicion est ouverte ! Quoi qu'il en soit, ma mère ayant dit oui, mes parents vont se marier le 20 juillet 1974 à Fort-de-France. Un mariage de stars !

C'est l'image que je me suis faite en découvrant un journal local revenant sur l'événement. Mes parents sont à la une, comme les couples des magazines people. On peut lire *« Du stade à l'église, après avoir porté au sommet le sport antillais, Bambuck et Barnay font un beau mariage »*.

Mes parents se sont mariés à Fort-de-France, et à en croire le journal, l'église n'affichait pas complet, parce que le couple se voulait toujours discret. La famille, des amis, et c'est tout !

J'ai eu l'occasion d'interroger certains de ces amis pour les 30 ans de mariage de mes parents. Guy Lagorce notamment, l'ancien athlète devenu journaliste. Il était le témoin de mon père. Ironique, pour un ancien membre du relais !

Ses souvenirs de cette journée sont flous, car le rhum coulait à flot pour célébrer l'union. Les convives inexpérimentés ont vacillé. Et même le photographe attitré n'a pas su s'en remettre, si bien que les clichés de cette journée sont quelque peu voilés.

Mais grâce au journal, j'ai pu me refaire le film de la journée : préparation de la mariée chez le coiffeur, avec une photo volée de la promise patientant devant le salon ; pendant ce temps, Roger est très détendu en attendant ses parents à l'aéroport du Lamentin. Puis l'heure de la cérémonie à l'église de Balata, avec les curieux se pressant, espérant voir des belles toilettes. Ils admireront la mariée élancée dans sa robe blanche 1900, sous son ombrelle. Roger à ses côtés dans son costume blanc cassé. Des sourires, beaucoup de sourires.

Ça me touche de voir mes parents aussi rayonnants. Ces sourires se sont quelque peu effacés avec le temps. Leur course au bonheur a pourtant bien démarré, mais des obstacles sont venus perturber cette nouvelle compétition.

La vie de couple n'est pas une longue course tranquille. La première épreuve est celle que tous les couples affrontent : devenir parents.

Mon frère, Frédéric, n'a pas tardé après le mariage, il arrive en 1975. Et moi, la petite dernière, en 1978.

Dans mes plus vieux souvenirs, mes parents vivent un bonheur simple : ils louent un appartement au septième étage d'un immeuble à Joinville-le-Pont, non loin du travail de ma mère, à l'INS rebaptisé Insep. Nous passons nos mercredis et nos week-ends dans ce centre de loisirs sportif.

Pendant les vacances, nous sommes en Dordogne. Mon père s'est attaché à cette région après l'avoir découverte avec son ami Guy Lagorce. Il a acheté une maison dès la fin de sa carrière, en 1973. Juste avant de demander la main de ma mère, il lui a présenté une ferme. Enfin, une ruine à restaurer. La seule partie habitable était celle réservée aux animaux et à leur nourriture. C'est ainsi que nous avons dormi longtemps dans ce qui servait de réserve à foin et que nous mangions dans l'ancienne étable. Ce n'était pas la vie de château, mais ça pouvait y ressembler dans les temps moyenâgeux : aller chercher de l'eau au puits, s'éclairer à la lumière des lampes à pétrole, s'imaginer un film en regardant le feu de cheminée, car il n'y avait pas de télé. L'enfant moderne que j'étais a mis du temps à prendre du plaisir à se rendre dans ce repaire d'araignées d'ailleurs nommé La Reynie.

Je considère cette maison comme ma grande sœur car mes parents ont mis autant d'amour à la construire qu'à nous élever. Perchée en haut de sa colline, cette maison m'a longtemps donné l'impression de vivre comme dans la série *La Petite Maison dans la prairie* : mon Charles Ingalls de père a fabriqué les lits, les armoires, pendant que ma Caroline de mère préparait des confitures et des tartes.

Cette maison me vaut également une allergie aux travaux car ils étaient récurrents à chaque période de vacances : entre préparation du ciment avec tamisage du sable que nous allions chercher dans un trou dans la forêt et réparation de fortune du chauffe-eau avec une pièce de cinq francs. Sans oublier l'herbe à couper et le bois à rentrer pour l'hiver.

Et la piscine, car oui, nous avons une piscine que nous avons mis trois ans à construire. Chez les Ingalls-Bambuck, tout est fait maison, même la piscine ! J'ai porté des parpaings, poussé des brouettes. Tout cela m'a appris la valeur des choses : ce n'est pas une question d'argent mais de temps passé pour obtenir ce que l'on désire.

Mes parents, comme tous les couples, ont connu des disputes, mais la conclusion était toujours : *« De toute façon tu n'es qu'un Guadeloupéen, de toute façon tu n'es qu'une Martiniquaise. »* Je dis souvent que j'ai deux îles ennemies réunies en moi, ce qui explique mon caractère volcanique !

Lorsque nous retournons à Joinville-le-Pont, la parenthèse bricolage rurale se referme pour retrouver la vie citadine agitée. Et les rôles s'inversent : ma mère, maîtresse d'œuvre, mon père aux ordres. C'est elle qui apporte la stabilité financière du foyer avec son travail à l'Insep. Mon père a lancé les nouvelles bases de sa vie, mais il lui manque le socle professionnel.

11. Le commercial qui n'aimait pas vendre

1975-1987 : la difficile reconversion d'un champion

Roger Bambuck se cherche toujours professionnellement en ce milieu des années 1970. Son rêve de devenir médecin pour comprendre la machine humaine s'est brisé sur ses ambitions sportives. Et maintenant qu'il ne court plus, il est perdu.

Alors il reprend des études loin du médical mais qui restent vitales : la vente. Mon père suit des cours du soir car il n'a aucune formation professionnelle en dehors du bac.

La journée, il passe tout de suite à la pratique en tant que cadre commercial dans le groupe Renault. Il travaille dans la Société d'Études et de Réalisations Industrielles. Il y restera jusqu'en 1976, date à laquelle la société déménage. On lui propose de partir avec une prime.

Il accepte et le hasard fait qu'il croise le directeur général d'Adidas, la société qui fait tout pour améliorer les performances des athlètes. Roger a porté des Adidas tout au long de sa carrière. Quoi de plus logique que de vendre maintenant des chaussures qu'il connaît si bien. D'ailleurs c'est la voie de reconversion d'autres sportifs comme Jocelyn Delecour, son ancien partenaire du relais. Lui est devenu directeur commercial. Roger se voit bien gravir les échelons également. On lui confie le marché d'une marque américaine en pleine ascension que la société allemande vient d'acheter : Pony. Je revois une photo de moi à 5 ans avec du Pony de la tête aux pieds !

Mon père est vendeur, mais l'ancien amateur ressent une gêne.

« Ce n'était pas dans ma mentalité de gagner de l'argent avec le sport. »

Le sport ne se monétise pas, un record, un titre, ne se monnayent pas. Roger courait pour se dépasser, pas pour encaisser des chèques. L'amateur pouvait juste profiter d'une valise offerte pour telle course ou d'une cocotte-minute pour telle autre.

Sans regret, mon père quitte Pony pour se mettre à son compte en tant qu'agent commercial. Il vend du matériel de pressing, du gazon qui pousse sur du ciment. Mais il ne s'éloigne pas des stades pour autant. Il vend un nouveau revêtement pour une nouvelle piste en Martinique, le stade Louis-Achille. Ironie du sport ! Le sport si proche et si lointain, mais s'il restait son destin ?

Mon père refait une mise au point : il n'est pas heureux dans la vente, mais le sport lui a apporté tellement qu'il aimerait l'utiliser autrement. Pas comme un sportif de haut niveau aveuglé par les performances, mais comme un citoyen qui y voit un moyen d'éduquer. C'est ce qu'il m'a transmis même si j'ai très peu goûté au père entraîneur, l'autorité Bambuck étant plus un frein qu'un moteur dans ma motivation.

« Le sport n'a de sens pour moi que s'il est le support pour éduquer les gens, apprendre à connaître les limites, les règles. »

Le citoyen Bambuck commence à partager ses idées. On lui propose de les expérimenter dans une commune de Seine-Saint-Denis. La ville d'Épinay-sur-Seine, dirigée par le socialiste Gilbert Bonnemaison, cherche un directeur des sports. Mon père va pouvoir passer de la théorie à la pratique.

« On a fait un plan de développement du sport depuis l'école de sport jusqu'au club sportif municipal. »

Le nouveau directeur des sports ne trouve pas logique qu'un enfant fasse un sport à l'école et le pratique le même jour en club. Il fait le lien entre les deux structures et jette les prémices de l'aménagement des rythmes scolaires. J'ai quelques souvenirs d'Épinay, de ces cross avec les autres enfants, de mon père au bord des terrains veillant au bon déroulement des événements. Mais je ne me rendais pas compte de la portée des changements qui étaient en train de s'opérer.

Les idées de l'ancien athlète se répandent au-delà de la commune. En fréquentant l'une des figures du socialisme, il s'ouvre les portes du parti de François Mitterrand et se rapproche de l'un de ses lieutenants, Michel Rocard.

« J'ai commencé à fréquenter les clubs rocardiens. On a créé le club "Convaincre sport", c'était le seul club de réflexion sur le sport qui existait dans le paysage politique. »

Nous sommes en 1988, François Mitterrand vient d'être réélu pour un second septennat. Il nomme Michel Rocard en tant que Premier ministre. Le nouveau chef du gouvernement prend son téléphone et appelle mon père.

« Il m'a dit "vous m'avez proposé plein de trucs, allez-y maintenant, mettez-les en place", et ma carrière ministérielle est partie comme ça. »

Et c'est ainsi que démarre une carrière politique pour celui qui a eu la révélation pendant sa vie de sportif que tout était politique.

De vendeur à ministre, la devise de mon père est : *« On peut suivre plusieurs chemins dans la vie, mais toujours un chemin à la fois. »*

12. L'éternelle enseignante

1968-2005 : la carrière d'une vie

Ghislaine Barnay, épouse Bambuck, n'aura suivi qu'un chemin, celui de l'enseignement. La compétitrice aime les concours, sur une piste ou dans une salle d'examen. Alors elle a saisi toutes les occasions pour montrer qu'elle était la meilleure. La collection se complète : prix d'excellence au lycée, major de promo au Creps, elle enchaîne avec la première place du brevet d'éducateur sportif. Ma mère intègre l'INS en septembre 1968 et restera jusqu'en 2005 dans la maison des sportifs. Elle aura passé trente-sept années à transmettre sa passion, son expertise sur l'athlétisme. Le Fosbury n'a plus aucun secret pour l'enseignante, alors que cette technique révulsait la sauteuse.

« Je n'aime pas avoir mon obstacle dans mon dos, je veux lui faire face. »

L'enseignante reste professionnelle et ne laisse rien paraître.

« C'est une histoire de bon sens, ça n'était pas sorcier à apprendre. »

Le Fosbury, les élèves le connaîtront, depuis le lycée jusqu'aux futurs professeurs d'EPS en passant par des kinésithérapeutes en formation.

Ma mère n'a pas compté tous ceux qui sont passés par ses tapis. Elle n'a pas compté non plus tous ceux qui sont devenus champions olympiques. Mais elle les reconnaît tous lorsqu'ils apparaissent dans les compétitions qu'elle a toujours plaisir à regarder. Je ne compte pas les "je l'ai eu comme élève" que j'ai pu entendre en suivant tels Jeux olympiques ou tel autre championnat du monde. À croire qu'elle les a tous eus !

Et elle était fière, en 1996, devant les Jeux d'Atlanta, lorsqu'une jeune Guadeloupéenne est devenue la première championne olympique française à l'épée. Laura Flessel était son élève ! Et forcément, l'enseignante a toujours quelques anecdotes à livrer comme celle sur Thierry Rey. Ce judoka faisait partie d'un groupe d'adeptes du kimono tout le temps fatigués lorsqu'ils étaient en cours avec elle. Ils enchaînaient leur entraînement matinal avec une séance de saut en hauteur, et les gaillards ne faisaient plus le poids pour décoller. Au lieu de rester discrets sur leurs piètres performances, ils perturbaient leurs camarades à coups de blagues, de rigolade. Ce judoka réussira à canaliser son énergie pour devenir champion olympique en 1980 à Moscou. Dans la catégorie judo, ma mère enseigna également à l'actuel directeur de l'Insep, Fabien Canu.

Jusqu'en 1985, les journées n'étaient rythmées que par des cours de saut en hauteur. Mais Ghislaine a d'autres talents à valoriser. Elle sait utiliser la vidéo dans le travail du sportif. C'est une formation qu'elle a suivie après son opération du genou en 1971. En pleine remise en cause, elle était arrivée à saturation du monde sportif. Elle avait envie d'élargir le cercle et s'était inscrite à des cours du soir en sciences de l'éducation, à la faculté des sciences de Vincennes. Elle voulait voir d'autres gens mais elle voulait aussi apprendre, approfondir son métier, découvrir tout ce qu'elle pouvait en tirer.

Elle eut une révélation pour l'image utilisée pour libérer l'athlète. Car un sportif a besoin d'un entraîneur pour le guider, être ses yeux. Mais il a aussi besoin d'avoir son propre regard. Et Ghislaine Barnay a trop souffert de devoir exécuter pour ne pas tenter d'inverser la tendance. L'athlète et son guide sont dans une relation entraîneur-entraîné, mais elle doit être à égalité. Le regard de l'un ne va pas sans le ressenti de l'autre. L'enseignante va réussir à convertir ses collègues, non sans mal.

« L'accueil n'était pas favorable au début. Les entraîneurs ne voulaient pas car ils disaient que leurs yeux suffisaient. L'entraîneur ne se rend pas compte que l'entraîné est le moteur, il faut laisser la parole au sportif de haut niveau. Un athlète peut se passer d'entraîneur ! »

Cette initiation à la vidéo lui a donné le goût pour l'audiovisuel.

En 1985, elle postule pour coordonner une nouvelle formation : Sportcom, des cours de télévision, radio, presse écrite pour les futurs journalistes sportifs.

« Je trouvais intéressant que ce soit des sportifs qui fassent des articles sur le sport. Les journalistes classiques ne s'y connaissent pas et manquent de précision dans leur récit. »

Après dix années à courir les rédactions, elle arrête d'enseigner l'athlétisme. À cinquante ans, une femme a le droit de préférer le tailleur aux survêtements !

Ma mère terminera sa carrière en devenant coordinatrice du diplôme de l'Insep, une formation dispensée pour le personnel de la Jeunesse et des Sports. Peut-être une manière d'inspirer la politique du sport en France ! Elle aura en tout cas vu l'évolution de sa maison des champions en quatre décennies.

« L'Insep est aujourd'hui très bien organisé, avec plein de formations proposées aux athlètes. Ils ont un aménagement particulier, des diplômes préparés en quatre ans contre deux ans pour les non-sportifs. Ceux qui ont un emploi peuvent l'exercer à mi-temps pour continuer à s'entraîner dans de bonnes conditions. Les champions d'aujourd'hui ont de la chance d'avoir une telle structure ! »

Et ma mère de me rappeler que ces changements sont liés à la politique du ministère de la Jeunesse et des Sports, un ministère qu'elle connaît bien.

13. Sur la piste politique

1988-1993 : de la loi Bambuck à une candidature de député

Au mois de mai 1988, je suis partie en week-end avec mon père en Dordogne. C'était la première fois que nous nous retrouvions tous les deux dans la maison de campagne. Mon père a voulu profiter du week-end prolongé de l'Ascension pour bricoler. J'ai accepté de le suivre, non pas pour exécuter la tâche que je déteste le plus, mais pour échapper à une journée d'école qui ne s'annonçait pas soutenue tant les absents allaient être nombreux le vendredi, jour de pont improvisé. Nous voilà donc tous les deux partis comme des campeurs, car pour ce week-end, nous allons dormir avec nos sacs de couchage dans le salon !

Après une journée de travaux en tous genres, le bivouac est installé sur la banquette de bois fabriquée par mon père. Nous sommes des campeurs, mais nous sommes modernes, la télévision en noir et blanc avec ses trois chaînes est allumée. En pleine émission de « La Roue de la fortune », le téléphone se met à sonner. Mon père s'agite, sourit, et m'annonce : *« Nous rentrons à Joinville, je viens d'être nommé au gouvernement. »*

Nous sommes le 12 mai, dès le lendemain, il doit prendre ses nouvelles fonctions.

Fini les petites vacances, je dois retourner à l'école.

Je suis plus déçue de renoncer à mon évasion que contente pour mon père. Car pour moi c'est une nouvelle fois notre tranquillité périgourdine qui est perturbée. Deux ans après le record battu, me revoilà dans l'obligation de dérouler la carrière de mon père à ceux qui me poseront la question le lendemain.

Je ne mesure pas l'impact de l'annonce. On va de nouveau parler de mon père à la télé, la belle affaire ! Mais cette fois, il n'est pas question de performance sportive, mais de politique.

Pour moi, la politique, c'est une émission avec des marionnettes : « Le Bébête Show ». Tous les soirs, je rigole devant notre président, François Mitterrand, alias Kermitterrand. Je m'amuse de voir son corbeau, Rocroa, alias Michel Rocard. Une grenouille et un corbeau ont nommé mon père au gouvernement. Peut-être qu'il rejoindra le spectacle de marionnettes !

La notoriété de Roger Bambuck change dès cette nomination. Il n'est plus l'ancien champion, il est l'actuel ministre, ou plutôt le secrétaire d'État. La différence a son importance, car les avantages ne sont pas les mêmes. Je le découvrirai plus tard.

Le regard des gens change sur nous après l'annonce. Lorsque je retrouve ma maîtresse de CM2, elle m'interroge avec un grand sourire sur la nouvelle vie qui nous attend. Mes camarades sont curieux et s'imaginent me voir débarquer en robe de princesse à l'école.

Les choses ont changé autour de nous, c'est vrai. Mon père n'utilise plus la voiture familiale, notre fidèle R25, mais une voiture plus grande et plus luxueuse vient le chercher tous les matins en bas de notre immeuble, avec chauffeur et garde du corps.

Nous restons vivre dans notre appartement de Joinville-le-Pont, mais en tant que membre du gouvernement, mon père a droit à un logement de fonction. Il hérite d'un beau cinq pièces en duplex au dernier étage d'un immeuble avec vue sur l'esplanade des Invalides. Les banlieusards du Val-de-Marne que nous étions y passaient tous leurs week-ends, ça reste dépaysant !

De mes yeux d'enfant, j'étais impressionnée par tous les avantages matériels de la fonction. Des avantages qui nous ont permis, à mon frère et moi, d'assister à nos premiers Jeux olympiques à Séoul.

En septembre 1988, mon père veut nous faire goûter au plaisir olympique même s'il faut pour cela rater l'école. Nous embarquons pour la Corée du Sud. Mon premier voyage en première classe.

Avec mon frère, nous portons fièrement le survêtement de l'équipe de France. Du haut de mon mètre soixante, on me prend pour une athlète dans les travées du stade olympique de Séoul. Je suis touchée mais je ne m'imagine pas à la place des stars de la piste.

Je les observe attentivement et la plus grande pour moi est Carl Lewis. L'Américain quadruple champion olympique à Los Angeles en 1984 arrive en Asie avec un statut de roi du sprint à retrouver. Depuis plusieurs compétitions, il ne gagne plus. C'est un Canadien qui est l'homme le plus rapide du monde : Ben Johnson. Un petit taureau, par rapport au beau pur-sang élancé que représente pour moi Carl Lewis.

Les deux hommes ne s'apprécient pas. Lewis, roi déchu, conteste les performances de son adversaire et l'accuse de dopage. Il faut dire qu'en un an, Johnson a réduit le temps passé sur un 100 m de dix centièmes : 9 secondes 83. Il s'est aussi transformé physiquement, apparaissant comme une petite boule de muscles.

La finale du 100 m est l'événement de ces Jeux. Nous avons la chance de pouvoir la suivre en tribune, au milieu de la foule. Je n'ai pas vu grand-chose si ce n'est l'agitation à la fin de la ligne droite éclair. Le Canadien a franchi la ligne en premier dans un temps explosif : 9 secondes et 79 centièmes. Dans la famille Bambuck, on exulte. Que de chemin parcouru depuis les 10 secondes de Sacramento ! Le vainqueur est adulé. Mon père va même lui demander un autographe !

Mais le sacre est de courte durée. Le champion a triché. Trois jours après la finale, Ben Johnson est contrôlé positif aux stéroïdes.

C'est l'agitation dans notre hôtel. Nous sommes logés avec les pontes du CIO, et ils se sont réunis pour décider de retirer la médaille d'or au tricheur.

Le dopage, toujours caché jusque-là, se révèle de manière fracassante. Un vainqueur banni. Un second réhabilité premier. Carl Lewis est champion sans avoir gagné. C'est le dopage qui a triomphé dans cette finale. Le dopage que mon père ne pensait réservé qu'aux efforts de longue durée, comme ceux fournis par un cycliste sur le Tour de France.

En cette même année 1988, quelques mois avant les Jeux, éclate l'affaire Delgado. Le coureur espagnol est contrôlé positif à quelques jours de son sacre sur les Champs-Élysées. Comme les règlements des instances sportives ne sont pas à l'unisson sur les produits dopants, il n'est pas exclu et remporte le Tour. J'ai le souvenir d'entendre mon père fulminer au téléphone après cette nouvelle. Il faut lutter contre ce fléau qui dévalorise les performances sportives.

Le secrétaire d'État veut légiférer pour sanctionner le champion tricheur et son entourage complice. J'ai eu l'occasion de voir mon père défendre sa loi à l'Assemblée nationale. C'était un spectacle qui valait celui du « Bébête Show » : il y avait de l'agitation, des applaudissements, des rires, des cris.

Après huit mois de débats, la loi Bambuck est promulguée le 28 juin 1989. Il devient interdit d'utiliser toute substance dont la nature modifie artificiellement les capacités physiques. La peine encourue est de deux ans de prison et d'une amende pouvant atteindre 100 000 francs.

L'ancien athlète a vu les mœurs changer face au phénomène du dopage. Son angine, à Mexico, aurait pu être masquée par des produits pour lui permettre de défendre ses chances. Mais c'était contraire à sa vision du sport de haute compétition. Mon père a toujours considéré le haut niveau comme un dépassement de soi, sans aide extérieure.

Durant les trois années passées au secrétariat d'État de la Jeunesse et des Sports, Roger Bambuck va s'inspirer de son expérience d'athlète dans sa politique. Il n'arrivait pas à concilier études de médecine et entraînement, il aménagera les conditions d'études des sportifs de haut niveau. Il voit le sport comme un outil éducatif, il aménagera les rythmes de vie des enfants. Et pour que la pratique sportive reste un plaisir avant tout, il organisera une journée nationale pour la fête du Sport.

Je n'ai pas vécu la période dorée de mon père, mais je n'ai rien raté des ors de la République : mon conte de fée prenait vie dans le palais de l'Élysée. J'étais surtout impressionnée par le nombre de personnes aux ordres pour que tout reste merveilleux en apparence.

Nous avons voyagé du Maroc à la Corée du Sud en passant par la Grèce. Je ne connaissais pas l'attente dans un aéroport ou la foule pour récupérer son bagage : tout était organisé pour aller vite, aller à l'essentiel.

J'ai eu l'occasion de rencontrer François Mitterrand,

enfin son crâne : nous étions assis derrière lui à l'occasion d'un match de football, mais cet instant m'a marquée, je voyais Kermitterrand en vrai !

Mon autre fierté d'enfant, c'est une interview de mon père réalisée par le meilleur des interviewers à mes yeux : Tatayet. La marionnette de l'émission de Patrick Sébastien lui a posé des questions, et j'étais attentive aux réponses en espérant être citée à un moment.

Toute cette magie s'envola en 1991. Roger Bambuck fut débarqué en même temps que Michel Rocard et son gouvernement pour laisser la place à la remplaçante, Édith Cresson. Fini la voiture avec chauffeur, le bel appartement parisien, les files doublées dans les aéroports.

Je n'ai vu que la fin des avantages matériels. Mais pour mon père, ce n'était qu'un début. Ces trois années gouvernementales lui ont donné des envies de persévérer dans la politique.

En 1993, il décide de se présenter aux élections législatives. Comme il est proche du parti socialiste, il est conseillé pour se rendre dans une circonscription gagnable. Mais Roger Bambuck ne veut pas être parachuté n'importe où. Il choisit un secteur situé à une heure de Paris : Dreux, en Eure-et-Loir.

La circonscription n'est pas sur la liste gagnante des socialistes, et pour cause, c'est le premier territoire de conquête du Front national. Mon père est un homme de défi :

« J'avais un beau slogan, pour la France, parce que

l'idée que je me fais de la France, ce n'est pas une France blanche, noire, elle est métissée, mais elle n'est pas monocolore. Dreux, ça me semblait être un beau combat, un beau challenge après tout ce que je représentais. Je pensais que ça aurait pu être exemplaire. »

La bataille est rude. Je découvre les débats politiques. Attentive devant la radio, dans le salon familial, j'écoute mon père échanger avec l'une de ses adversaires, la figure du Front national local, Marie-France Stirbois. Je l'entends dire que mon père a retourné sa veste. Je ne comprends pas l'allusion, mais j'entends l'agacement de mon père en retour.

Le dimanche du premier tour des élections, j'ai la permission de me coucher plus tard pour suivre les résultats. Roger Bambuck est éliminé dès le premier tour. Pas besoin de retenir le pourcentage de votes, seul le résultat compte : mon père ne sera pas député.

« C'était beaucoup de naïveté de ma part. La politique est subtile. Les socialistes locaux m'ont torpillé, ça m'a mis à distance de la politique. »

Mon père est déçu et veut vite passer à autre chose. Je le vois lorsque nous vidons son bureau avec toutes ses affiches rapidement enlevées pour les jeter à la benne.

Roger Bambuck est humaniste, une qualité qui n'a pas sa place en politique.

Il avait bien des rêves pour son île natale, la Guadeloupe, qui le reconnut pleinement pendant qu'il était au gouvernement. Mais les Guadeloupéens se méfiaient aussi de l'ambition supposée du nouvel homme politique.

« J'ai voulu me présenter aux régionales, mais c'était trop compliqué. Mes compatriotes étaient rudes, ils m'ont tiré dessus avant d'avoir pu m'entendre. »

Après toutes ces aventures, voir mon père se morfondre dans son canapé devant sa télé m'a toujours peinée. J'ai cherché à le motiver à regarder son passé pour l'expliquer, le transmettre. Écrire ses mémoires. Mais ce n'est pas l'ambition d'un homme de l'instant.

Roger Bambuck se trouvera d'autres fonctions, toujours en lien avec le sport, mais dans ses aspects scientifiques, au Centre national de la recherche scientifique, environnementaux, à l'Institut de recherche pour le développement, ou encore à l'Unesco. Il terminera sa carrière comme inspecteur de l'Éducation nationale, chargé des professeurs d'EPS.

« De là où je suis parti, étant donné que je suis d'origine modeste, finir ministre de la République, c'est intéressant. Je suis persuadé que tout le monde peut faire la même chose. Il faut se donner les moyens de s'accomplir. Je me suis accompli, mais je ne considère pas que c'est une exception. Tout le monde ne peut pas être ministre, mais tout le monde doit être heureux dans ce qu'il fait. »

*** Bilan de trois années au gouvernement : la loi antidopage et l'aménagement des rythmes scolaires.**

Le 28 juin 1989 est promulguée la première loi antidopage depuis 1965 et la loi Herzog. La loi Bambuck impose des sanctions, renforce les contrôles et prévoit un volet prévention. Le texte sera modifié en 1999 par la loi Buffet puis abrogé en 2006.

L'aménagement des rythmes de vie des enfants : de 1988 à 1990, plusieurs circulaires vont permettre de mieux équilibrer le temps scolaire et les activités extrascolaires. L'objectif est de prendre en compte tous les temps de l'enfant pour développer son autonomie, sa socialisation et faciliter sa réussite scolaire.

14. Confidences de champions

De nos jours

« J'ai un gros défaut, je ne regarde pas beaucoup en arrière. Pour un sprinter, c'est normal ! »

Mon champion de père et ma championne de mère continuent à aller de l'avant.

Le fait de m'être intéressée à ce qu'il y avait dans leur rétroviseur ne les a pas fait sortir de leur modestie naturelle. Ma mère m'a simplement dit être satisfaite de son parcours, et mon père n'a pas le sentiment d'avoir laissé une trace. Le bilan de sa vie c'est « peut mieux faire ». C'est peut-être la frustration du champion non-olympique qui parle, ou la désillusion de la sauteuse qui n'a jamais franchi cette barre à 1,92 m qu'elle s'habituait à regarder pour ne pas en avoir peur.

Mes parents ont de quoi être fiers de leur chemin parcouru. Fiers des causes soutenues, fiers de ne pas avoir détourné le regard de la réalité du monde.

La reconnaissance de leur valeur a été tardive. Au début des années 2000, une fresque a été réalisée en face du 42 de la rue Raspail, en Guadeloupe, sur la façade de l'immeuble qui a poussé en face de la maison Bambuck. Une résidence baptisée « Roger Bambuck ».

La fresque représente les deux vies de mon père : athlète et ministre.

Pour ma mère, une école maternelle de son quartier du Petit Paradis a failli porter son nom. C'est finalement la chanteuse légendaire du groupe Kassav, Jocelyne Béroard, qui sera honorée. Mais la commune de Schœlcher va tout de même remercier sa championne en lui décernant un prix.

Mes parents n'ont jamais couru après les honneurs. Ils sont tous les deux décorés d'une légion, mais ils n'affichent pas leurs épingles. Les médailles non plus, ni les trophées. Tout a été gardé, mais tout est rangé au fond des placards.

J'ai dû fouiller pour retrouver la fameuse médaille olympique de mon père. Elle était dans une boîte en carton avec la mention « décorations de Noël ». Je ne l'ai pourtant jamais vue accrochée dans le sapin.

Ce que j'ai vu en revanche, ce sont les compétitions : les championnats du monde d'athlétisme, les Jeux olympiques. Chaque événement sportif a toujours été l'occasion de nous réunir devant la télévision en Dordogne. Cet écran qui rivalisait avec le feu de cheminée et dont l'accès était strictement limité, sauf pendant les retransmissions sportives.

Je me souviens avoir vécu à l'aube le premier titre mondial de Marie-José Pérec. La coureuse du 400 m triomphante à Tokyo en 1991. Une Guadeloupéenne en or, vingt-trois ans après la révélation mondiale d'un Guadeloupéen à Sacramento.

Mes parents étaient fiers de cette victoire. Fiers de voir la nouvelle génération d'athlètes antillais suivre leur chemin. Et parmi ces étoiles d'Outre-mer, il y en a une qui retient particulièrement leur attention, c'est Teddy Riner. Ils ne ratent pas un combat, et j'ai toujours plaisir à entendre ma mère se réjouir en créole de ses victoires.

« Je le regarde attentivement, parce qu'il a eu tellement de problèmes de santé que je me demande si ses articulations tiendront le coup pour les Jeux de Paris. »

Pour mon père, *« Teddy Riner est un judoka qui a largement dépassé les limites de son île, de la France. Il restera dans l'histoire du judo international. »*

Les deux pionniers du sport antillais ne connaissent pas tous les noms de leurs successeurs, mais ils suivent l'évolution de leurs terres de champions, avec un regard critique pour ma mère :

« Pour moi, les Antilles terres de champions, ce sont les Antillais qui ont découvert le sport aux Antilles, comme nous. On a fait du sport scolaire puis du sport civil. On faisait des allers-retours avec l'Hexagone. Et puis on est restés, moi pour ma profession, Roger pour la compétition. Aujourd'hui, les Antillais qui quittent les îles pour s'entraîner dans l'Hexagone sont persuadés qu'ils seront très performants et gagneront beaucoup d'argent. Mais certains manquent d'un double projet : ils viennent en pensant qu'ils seront des athlètes exceptionnels mais ils ne sont pas nombreux à y arriver. »

Mon père constate l'évolution, sans la juger.

« Les sportifs d'Outre-mer d'aujourd'hui ont des atouts liés à leurs prédécesseurs. De mon temps, je n'avais pas de modèle de sportif antillais devenu champion de France. J'ai fait partie de ceux qui ont ouvert la voie, mais je n'ai pas ce sentiment parce que ce n'est pas ce que je cherchais. Il y a longtemps que l'attention est portée sur les Ultramarins, dans toutes les disciplines individuelles et collectives. C'est une bonne chose qu'ils réussissent à apporter autant de médailles à la France, même si, sur un podium olympique, il est question d'universalisme. Certains sportifs ont fait le choix de rester aux Antilles pour s'entraîner, rester dans leur environnement. Je le vois positivement. C'était logique et souhaité, à mon époque, de quitter la Guadeloupe, pour la concurrence, les infrastructures, les encadrements de qualité. Aujourd'hui, les athlètes se déplacent comme ils le veulent, ils ont de la concurrence partout, qu'ils en profitent. »

Mes parents referment le livre de leur vie sans regret.

Une médaille en or manquée, une barre élevée infranchissable, tout cela n'a plus d'importance. Ce qui compte, c'est ce qui a été réalisé. La Martiniquaise et le Guadeloupéen se sont enracinés dans leur Dordogne d'adoption sans chercher à revenir aux sources antillaises, si ce n'est pour les vacances, juste le temps suffisant pour ne pas être écœurés par tous les changements. Lorsque l'on s'est éloigné si longtemps de la source, elle est forcément différente !

J'observe le réveil de leur mentalité de sportif lorsqu'ils doivent surmonter les difficultés physiques qui deviennent de plus en plus nombreuses à l'approche de leurs 80 ans.

Mon père a subi deux opérations délicates du cerveau. Elles ont perturbé sa mobilité, son autonomie. Elles l'ont surtout privé de sa passion pour le bricolage. C'est frustrant lorsque l'on aime être dans l'action.

Ma mère, l'éternelle enseignante, tente de lui apprendre à résister, à se bouger, à sortir de sa position fétiche devant la télé. Mais la force commence à lui manquer.

La retraitée est devenue aidante à plein temps. Le retraité est un aidé malgré lui.

Tous les deux continuent à s'entraîner mais les défis sont moins ambitieux que dans leur passé : mon père tente toujours d'améliorer son temps sur dix mètres, la distance qui sépare le salon de la salle de bain. Ma mère est passée du tour de piste à vive allure à la ligne droite en forêt en marchant prudemment.

Le passé est bien passé, et je vois qu'ils ont du mal à accepter leurs nouvelles limites, eux qui ont passé une partie de leur vie à les repousser. C'est le destin des champions retraités.

Mais malgré leur modestie naturelle, leur réserve familiale, ils ont réussi à transmettre. Je porte l'héritage Barnay-Bambuck en moi, comme mon frère Frédéric, et nous avons cherché à le faire fructifier, à notre manière !

ÉPILOGUE

Quand on est enfant de champions, on attend forcément des performances équivalentes à celles de ses parents.

Certains y sont parvenus, comme le handballeur réunionnais Melvyn Richardson, fils de Jackson Richardson. Son père a remporté la première médaille olympique du handball français, le bronze à Barcelone, en 1992. Son fils a décroché l'or aux Jeux de Tokyo en 2021.

Rien de tout cela chez les Bambuck !

Mes parents nous ont transmis à mon frère et à moi le goût de l'effort physique, le dépassement de soi, mais ils n'ont jamais cherché à ce que nous réalisions le même palmarès qu'eux. J'ai pratiqué de nombreux sports sans avoir forcément la réussite au bout : mon manque de souplesse en danse m'a limitée, mes deux mains gauches au tennis m'ont perturbée, le vertige que j'éprouvais au plongeon était invalidant.

Frédéric, mon frère, a trouvé sa voie dans le basket. Inspiré par la star américaine Michael Jordan, il a rêvé des États-Unis et de son championnat légendaire de la NBA. Il s'arrêtera à la deuxième division du basket français à Toulouse, préférant une carrière dans la finance.

J'ai également goûté au plaisir de la balle bondissante pendant dix ans. J'ai eu l'ambition d'intégrer un jour l'équipe de France de basket. Ma grande taille me permettait d'être sélectionnée au niveau régional, puis national. Mais être grande ne fait pas tout. Je n'avais pas l'esprit pour me battre, défendre ma place. La quête de performance se faisait aux dépens du plaisir que je prenais à jouer. Et le collectif m'apparaissait comme un frein pour m'exprimer pleinement. Alors j'ai décidé de passer à un sport individuel.

Après avoir longtemps repoussé la pratique familiale, pour des raisons évidentes de comparaison, je me suis mise à l'athlétisme à l'âge de 16 ans. Comme mon père ne m'a pas transmis sa pointe de vitesse, j'ai préféré le tour de piste à la ligne droite. 400 m, ça laisse le temps d'accélérer !

J'ai également fait du saut en hauteur en utilisant la technique toujours refusée par ma mère, le Fosbury. Cela ne me dérangeait pas de tourner le dos à mon obstacle, par contre je le voyais souvent tomber, trop souvent. Je n'ai jamais battu le record de ma mère, je ne l'ai d'ailleurs jamais approché. Je me suis envolée au maximum à 1,69 m. C'est mon record établi à l'occasion des championnats de France junior.

Cet instant restera marquant pour moi, car c'est la seule fois où l'annonce de mon lien de filiation m'a donné des ailes. Au moment de m'élancer pour mon saut, l'animateur de la compétition m'a présentée en tant que fille de Bambuck. L'affiche m'a agacée, je suis un individu à part entière, pourquoi me ramener toujours à mon père, surtout dans une discipline qui n'était pas la sienne. J'ai pris mon élan, et je me suis arrachée pour répondre à un nom par mon prénom : je suis Aurélie avant d'être « la fille de » ! Cela ne m'a pas permis de grimper sur le podium, mais mon honneur était sauf.

J'aurais pu persévérer, j'aurais peut-être percé comme d'autres camarades d'entraînement. J'ai porté le même maillot du Racing club de France qu'une sprinteuse ambitieuse, Muriel Hurtis. La Guadeloupéenne est passée de championne du monde junior, à championne d'Europe senior, jusqu'au titre mondial avec le relais 4 x 100 m lors des Mondiaux à Paris en 2003.

J'étais dans les tribunes du stade de France à cette occasion, et je me souviens m'être interrogée : et si je m'étais accrochée, est-ce que j'aurais brillé comme Muriel, est-ce que j'aurais suivi la trace de mes parents ?

Ce questionnement a été aussi rapide qu'un 100 m d'Usain Bolt ! Il est reparti aussi vite qu'il était venu, car je n'ai jamais eu l'ambition de faire comme mes parents. Je voulais prendre du plaisir avant tout, me dépenser, me défouler, mais je ne cherchais pas à collectionner des médailles.

Dans les stades que j'ai fréquentés, je ne me doutais pas qu'un autre Bambuck tentait de se faire un prénom. Il faisait du sprint et courait sous les couleurs du Stade français. C'est Paul, mon autre frère que je n'ai découvert qu'à l'âge adulte. Nous partageons le même père et je l'ignorais.

Paul est né avant le mariage de mes parents. J'ai découvert son existence lors de la première opération de mon père, en 2010.

À l'hôpital, alors que la chirurgie délicate s'achevait, nous sommes venus à son chevet avec ma mère et mon frère. À notre arrivée, nous sommes accueillis par une infirmière qui nous dit que tout s'est bien passé et qu'il a déjà reçu la visite de son fils.

Avec ma mère, nous nous retournons, étonnées, vers mon frère. Il ne s'agissait pas de Frédéric, mais de Paul. Notre père va nous l'avouer, à peine remis de son anesthésie.

« Oui, j'ai eu un enfant en 1973. Je l'ai reconnu, mais je vous ai choisis, j'ai choisi votre mère. »

Cette révélation a provoqué un séisme dans la famille. Ma mère effondrée a eu du mal à s'en remettre. La colère d'une épouse trompée rivalisant avec la détresse d'une femme blessée.

Mon frère Frédéric n'était plus le premier, il n'était plus le seul garçon. La concurrence l'a déstabilisé.

Quant à moi, je suis restée la dernière. J'avais déjà un frère, et j'hérite d'un deuxième.

Je n'ai pas manqué de père, mais Paul, quelle part a-t-il eue ?

Il a en tout cas hérité des mêmes valeurs sportives. Paul a fait de l'athlétisme en courant sous le nom de sa mère pour éviter la pression. Il a fait du 100 m et du 200 m, mais lui non plus n'a pas collectionné les médailles.

J'ai attendu plusieurs années après l'opération pour le contacter. Le temps d'une nouvelle intervention en 2018. Pour prendre les devants et éviter un nouveau choc, j'ai commencé à correspondre avec lui. Il n'a pas fait mystère de son identité.

« Au risque de vous apprendre une situation passée sous silence bien malgré moi, je suis le fils de Roger. »

Nous avons rapidement laissé tomber le vouvoiement pour se tutoyer en tant qu'héritiers du même sang. Nous partageons le même père et nous nous sommes laissé le temps de dire « notre père ».

Roger Bambuck a donc eu trois enfants.

Il a caché l'existence du premier pour des raisons qui restent un mystère pour moi. Mais je tiens à le mettre dans la lumière car il n'a pas demandé à naître.

« Ma vie s'est construite avec un bout de père, pas de vacances, ni de Noël, ni de week-end. Mon père a mis longtemps avant de me l'avouer ou d'accepter que je connaisse votre existence. Je devais avoir 8 ans. Je n'ai jamais eu le sentiment d'être un secret et qu'il fallait me cacher. Ma mère et mon père avaient un grand respect l'un pour l'autre. Ils se sont connus un certain temps puis séparés deux mois environ avant ma naissance. Ils sont restés en contact à travers moi. La situation a été tendue à mon adolescence, dans la mesure où je connaissais votre existence sans vous connaître. Il est toujours désagréable d'entendre parler d'un frère ou d'une sœur, de voir une photo d'eux sur un bureau, de participer à une compétition en entendant votre nom de famille alors que vous ne courez

pas encore ou d'avoir été à l'Insep en même temps. Le tout sans vous connaître. J'ai été élevé en fils unique sans que cela me pèse. Au sens familial du terme, je n'ai pas eu de père. Il ne m'a pas élevé, éduqué. Au sens de présence, il était là à certains moments. Je n'ai ni rancœur, ni colère. Je ne recherche aucune reconnaissance. »

En repensant à la vie de mes parents, j'ai le sentiment que cette vie cachée les a tout le temps accompagnés. Il y avait des soupçons, des rumeurs. Et ces opérations de mon père, est-ce qu'il ne se serait pas fait des nœuds au cerveau en tentant de concilier ses vies ?

Cette révélation est la plus grande difficulté que mes parents aient eu à surmonter.

Les secrets de famille ont tendance à ronger de l'intérieur. Ils sont autant de poussières que l'on cache sous le tapis, jusqu'à ce que l'on tombe à force d'accumulation !

Par souci d'apaisement, par solidarité féminine, pour réparer une injustice, j'ai choisi de ne pas rester silencieuse.

L'amour est le seul remède.

Mes parents se sont aimés.

Ils ont partagé la même passion.

Ils ont construit une famille en s'appuyant sur les mêmes valeurs.

Ils se sont accomplis chacun dans son domaine.

Aujourd'hui ils restent côte à côte.

Personne n'a quitté le navire.

Malgré le quotidien pesant d'un duo d'aidant et d'aidé, ils restent aimants.

Ces regards de mon père vers ma mère.

Ces attentions de ma mère envers mon père.

Il y a des blessures qui ne guériront jamais, mais l'amour reste le cicatrisant le plus important.

L'enfant que j'étais n'a jamais dit à ses parents qu'elle les aimait.

La femme que je suis devenue grâce à eux prend enfin son courage.

Papa, maman, je vous aime.

Champions vous étiez, champions vous resterez.

POSTFACE
Laura Flessel

Lorsque j'étais plus jeune, sur mon joli papillon natal, je n'ai connu le couple Barnay/Bambuck que par procuration.

Roger Bambuck était l'exemple de l'excellence, faisant de l'athlétisme une discipline phare. Il dégageait une puissance et une félinité fascinante et j'admirais cela.

Avec le football comme discipline reine en Guadeloupe, avec mon père, footballeur puis entraîneur de renom, j'ai davantage évolué dans un univers de sport collectif et je me rendais bien compte combien il était difficile à d'autres sports d'exister. Mais je me souviens bien des conseils et des analogies qu'utilisait mon père, lorsqu'il était entraîneur. Il parlait de « Monsieur Roger Bambuck » à ses joueurs, il le présentait comme un exemple de résilience à suivre, pour relever des challenges personnels, au sein d'un collectif. J'en avais la chair de poule !

Détectée par la Fédération française d'escrime à 14 ans, j'ai commencé à voyager dans l'Hexagone et sur mes moments de tranquillité, j'ai commencé à me questionner sur les alliés dont j'avais besoin pour mon évolution. J'ai ressenti l'envie de me renforcer, d'avoir une vraie culture générale de la réussite antillo-guyanaise. J'avais associé Barnay-Bambuck comme le couple qui réunissait les deux îles par le prisme du sport et du haut niveau. Mais ce n'est que bien plus tard que j'ai pu rencontrer Ghislaine Barnay, ma prof à l'Insep. J'étais si fière de connaître son parcours, si fière qu'elle soit là pour m'aider à me construire.

Avant qu'une célèbre campagne promotionnelle ne déclare « La Guadeloupe, Terre de Champions », j'ai découvert les fameux champions et championnes issus de mon île. Et je m'en suis inspirée !

Carlton, Bambuck, Canguio, Barnay... Il me fallait des exemples à suivre, des références sur lesquelles m'appuyer, des figures emblématiques à égaler, avec le secret espoir de les dépasser, non pas pour dire que j'ai fait mieux qu'eux, mais pour les rendre fiers.

UN MOT DE TEDDY RINER

Roger Bambuck est pour moi un champion et un homme politique guadeloupéen qui a rendu fier notre peuple et qui a certainement contribué de près ou de loin à l'éclosion de Marie-José Pérec, Christine Arron, Muriel Hurtis, Patricia Girard...

ANNEXE
Personnalités sportives des Antilles

- **Rigobert TACITA** : sprinteur et sauteur en hauteur guadeloupéen, super champion du lycée Carnot, avant Roger Bambuck. Sélectionné pour les matches Guadeloupe-Martinique en 1963.
- **Raymond BOUTIN** : lanceur de disque, champion de Guadeloupe.
- **PÉLAGE** : sprinteur guadeloupéen, sélectionné pour les jeux de l'Amitié à Dakar en 1963.
- **Gérard CÉSAR** : sprinteur guadeloupéen, surnommé l'empereur du sprint junior dans la Caraïbe.
- **Jacques LOLO** : professeur d'EPS au lycée Carnot de Pointe-à-Pitre, entraîneur d'athlétisme devenu rédacteur en chef de RFO Guadeloupe.
- **Daniel PINARDON** : professeur d'EPS au lycée technique de Fort-de-France, entraîneur d'athlétisme au Creps de Guadeloupe
- **Antoine CHÉRUBIN** : entraîneur d'athlétisme puis directeur du Creps de Guadeloupe. Premier Antillais devenu entraîneur national.
- **Bernard LAMITIÉ** : triple sauteur guadeloupéen, quintuple recordman de France de 1972 à 1978, sélectionné aux Jeux olympiques de Munich en 1972 et de Montréal en 1976.
- **Marlène CANGUIO** : sprinteuse guadeloupéenne spécialiste des haies, première détentrice du record de France du 100 m haies, première sélectionnée olympique guadeloupéenne aux Jeux de Tokyo en 1964.
- **Emma SULTER** : sprinteuse martiniquaise, sélectionnée aux Jeux olympiques de Moscou en 1980.
- **Victor SILLON** : perchiste martiniquais, champion de France et recordman de France entre 1947 et 1960. Sélectionné aux Jeux olympiques de Londres en 1948, Melbourne en 1956 et Rome en 1960.
- **Charles-Henri CÉSAIRE** : sprinteur guadeloupéen.
- **Alix LANOIR** : sprinteuse guadeloupéenne.

- **François MAITREL** : lanceuse de poids martiniquaise.
- **Rosita JOACHIM-ARNOD** : sprinteuse martiniquaise.
- **Christiane ADÉLAÏDE** : sprinteuse martiniquaise.
- **Georges BEAUNOL** : sprinteur martiniquais.
- **Joséphine LABRADOR** : lanceuse guyanaise.
- **Cornélia DESCART** : sprinteuse martiniquaise.
- **Marie-Olga CISERON** : lanceuse martiniquaise.

SOMMAIRE

Mes parents ce couple de champions